우리가 싸우는 이유

MZ세대는 없다

우리가 싸우는 이유

고승연 지음

우린 지금 모든 충돌과 분열을
세대 갈등으로 덮어씌우고 있다!

plan b
DESIGN

서문

'MZ세대'는 없다

지긋지긋했다.

지난 3년 간 한국 사회를 떠돈 유령 같은 개념 'MZ'.

40대 아저씨와 18세 여고생이 같은 세대로 묶이는 개념의 어색함과 황당함은 둘째 치고, 세상의 모든 갈등, 조직에서의 모든 충돌을 오직 '기성세대와는 다른 MZ세대 특성'으로 설명하는 언론과 일부 트렌드 연구자들을 보며 뭔가 잘못됐다는 생각이 들었다. 또 누구보다 개념 정의에 조심스럽게 접근하고 정확성을 기해야 하는 책무를 가진 학자들까지 동조하는 모습에 당황하기도 했다.

필자가 2020년 가을, <Z세대는 그런 게 아니고>라는 책을 낼 때만 해도, 밀레니얼세대와 비슷하면서도 나름의 독특한 특성을 가진 Z세대의 특성을 정리해 마케터와 인사관리 책임자·실무자들에게 도움을 주고자 했고, 실제 많은 강연과 기고 요청을 받기도 했다. 그런데 한국 사회 'MZ세대 앓이'가 심해지자, 어느덧 모든 강의의 서두에 'MZ세대'라는 뭉뚱그려진 개념의 오류를 설명하는 데 시간을 써야 하는 상황이 됐다. 물론 개념적 엄밀성을 버리고 나면, 사실 언론에서 주로 말하는 MZ세대란 20대와 30대 초·중반까지의 세대였고 필자도 이를 이해하고는 있었다. 그럼에도 불구하고, '세대론 앓이'가 갖는 부작용은 명확했다. 세대 개념은 매력적이고 재미있지만 결국 많은 것을 설명할 수 없는 변수임에도, 그렇게 세대론으로 한국 사회의 다양한 갈등의 균열선, 시대와 시대의 충돌은 오히려 제대로 정의되지 못했고 연구되지 못했다.

세대론을 넘어서

오랜 시간 세대를 연구해 온 필자에게 우리가 '세대 갈등'이라고 부르는 많은 갈등의 양상이 **진짜 세대 갈등이 맞는가?**라는 의문이 생겼다.

마침 2022년 초 심사를 통과해 세상에 내놓게 된 필자의 박사학위 논문에서는 한국 사회의 정치 성향과 가치관에 따른 사람들의 '정서적 양극화' 문제를 다루게 되었다. 연령대별 성향 분석, 세대 분석이 없지는 않았지만, 좀 더 다양한 관점에서 다양한 틀로 한국 사회의 갈등과 의견 충돌, 분열과 혐오의 원인을 추적할 수 있었다. 그리고 이 책을 구상하게 됐다. 책의 출발점이 된 질문은 **왜 우리는 이렇게 분열돼 갈등하고 서로를 미워하게 됐을까?**였다. 단순히 세대 차이를 이해 못해서 벌어지는 일은 분명 아니었기에, 다른 설명틀이 필요했다.

그래서 찾아낸 첫 번째 설명틀이 **비동시성의 동시성**이라는 개념이다. 본문에서 충분히 설명하겠지만, 간단히 말하면 한국이 지난 70년 간 다른 서구의 선진국들이 250여 년에 걸쳐 이룩한 성장을 압축적으로 이뤄내면서 동시대에 존재하기 어려운 가치관과 경험, 그리고 생활양식과 사고방식을 가진 사람들이 한 시대에 같은 나라에 살고 있다는 것이다. 이러한 상황에서 우리는 서로 다른 시대를 사는 사람들의 **시대 충돌**을 목도하며 이를 '세대 갈등'으로 오인하거나 아니면 의도적으로 복잡한 문제를 간단히 처리하기 위해 '세대 갈등'으로 덮어씌우고 있었던 것으로 보인다.

이어서 찾아낸 두 번째 설명틀은 고선택 미디어 환경에서 필연적으로 나타나는 **유유상종**과 **자기 생각(편견)의 지속적 강화**였다. 온라인 커뮤니티, 소셜미디어 플랫폼에서의 상시적 소통과 일상적 뉴스접촉이 '체류 시간'을 늘리기 위해 만들어진 알고리즘과 어우러져 형성된 **필터버블, 에코챔버**는 사람들 각자가 물리적으로 같은 공간에 있더라도 각자 들여다보는 개인의 화면이 완전히 다른, 그래서 결국 각자 다른 세계에 살고 있는 상황으로 만들었다.

이렇게 시간의 측면에서 **비동시성의 동시성**으로 종단적인 분석을 하고, 현시점의 상황을 횡단적으로 **알고리즘에 의해 분리된 세계**로 교차시키고 나자 갈등의 진정한 양상을 제대로 드러낼 수 있었다. 그리고 각자의 작은 집단에서 각자의 세계에서 살던 사람들이 어쩔 수 없는 양당 구조에서 선거 때마다 어떻게 연결되고 동원되는지, 마치 오래전 미국에서 의원들이 지역구를 자신의 재선에 유리하게 재편하는 '게리맨더링'을 진행하듯, 한국에서 현재 어떤 방식으로 **디지털 게리맨더링**이 일어나고 있는지를 들여다봤다.

책의 구성 그리고 작은 소망

당연하게도 이 책은 '세대 갈등'으로 현재의 많은 문제, 수많은 논란과 이슈를 설명할 수 없다는 내용으로 첫 장이 구성된다. 이어 2장에서는 20대부터 60대까지 일반적으로 5개의 세대로 분류하는 게 일반적이나, 한국에서는 가치관과 생활양식에 따라 3개의 세대로 다시 묶을 수 있고 그래야 한다는 것을 보여준다. 그리고 그 세 세대는 사실 살아온 시대 자체, 어쩌면 현재 무의식 속에 살고 있는 시대가 다르다는 것을 설명하고자 했다. 그 과정에서 발전주의세대(산업화세대+586세대), 자유주의세대(X세대+전기 밀레니얼세대), 개인화세대(후기 밀레니얼세대+Z세대)라는 분류법이 도출됐다. 이 분류의 바탕에는 '비동시성의 동시성' 개념이 깔려 있다.

3장에서는 현재 한국 사회를 달구고 있는 가장 뜨거운 이슈인 젠더 갈등의 원인과 양상에 대해 다뤘다. 단순히 '작아진 파이를 놓고 젊은이들이 남녀로 갈라져 싸운다'는 게으른 분석을 벗어나, 실제 그들이 살아온 온·오프라인 세계와 각종 가치관 조사에서 드러난 생각의 차이를 보여주며 젠더 갈등의 핵심축인 '페미니즘 VS. 안티페미니즘'이 사회 전체에 대한 인식과 정책 선호에까지 영향을 끼치고 있다는 점을 설명하고자 했다. 이러한 설명 과정에서 '고선택 미디어 환경'에서 알고리즘에 의해 자발적/비자발적으로 일어나는 '유유상종'과 정보의 취사 선택, 그리고 편견의 강화에 대해 다뤘다. 즉 '필터버블(Filter Bubble)'과 '에코챔버(Echo chamber)'가 개인화 세대 내에서의 갈등, 세대 간의 갈등을 더욱 강화하는, 일종의 가치관과 사고방식의 원심분리기 역할을 하고 있음을 보여주고자 했다.

4장에서는 '비동시성의 동시성'이라는 갈등 증폭기와 '필터버블'과 '에코챔버'라는 원심분리기로 갈라진 각 집단과 개인들을 두고 선거 시기에 정치적으로 어떻게 '게리맨더링' 되는지 그 메커니즘을 밝히고자 했다. 5장과 6장에서는 현재의 고선택 미디어 환경에서, 온라인 커뮤니티와 소셜미디어에 상시로 접속된 사람들이 단순한 '이념 갈등'을 넘어서 어떻게 정서적, 감정적으로 극단화되고 양극화되는지, 어떻게 상대 정당/진영 정치인과 지지자들을 더욱 미워하게 되는지 구조화된 설문 결과 데이터와 빅데이터를 모두 활용해 분석했다.

7장에서는 1장에서 6장까지 분석한 내용을 토대로, 2022년 3월에 치러진 20대 대선에 대한 분석을 전개했다. 20대 대선이야말로 그 이전 장까지 필자가 분석하고 설명해 왔던 '디지털 게리맨더링'의 양상을 적나라하게 보여준 선거였으며, 향후 한국 사회에 등장하게 될 '미세 균열선'을 희미하게나마 보여준 선거였다는 게 필자의 주장이다.

마지막으로 8장에서는 현재 우리가 처한 상황, 우리가 당면한 문제를 풀 수 있는 방법에 대해 고찰했다. 물론 필자의 역량 부족으로 명쾌한 해법을 내놓지는 못했다. 그럼에도 불구하고 그 해결의 실마리 몇 개를 던져 놓았다. 즉, 어떤 방식으로 생각하고 고민해야, 어떻게 관점을 바꿔야 문제가 풀릴 여지가 보일지를 적었다.

1장에서 8장까지 총 8개의 챕터를 통해 필자는 지금까지

세대론에만 집착하는 한국의 언론과 기성 학자들, 이른바 '사회 지도층'의 인식에 문제의식을 느끼고 다양한 각도에서 우리 사회의 갈등의 근원과 혐오의 작동 방식, **왜 우리는 분열되고 미워하고 싸울 수밖에 없는지**를 설명하고자 했다. 이 문제에 조금이라도 관심이 있던 분들에게 도움이 되길 바란다. 그리고 이 문제에 관심이 별로 없었더라도, 우연한 기회에 이 책을 알게 되어 관심이 생긴 분이 있다면 이 책은 그 역할을 다 한 것이라 본다.

감사의 말

이 책은 그리 대단한 책이 아니지만, 한 권의 책이 만들어지는 과정은 언제나 대단하다는 생각이 든다. 먼저, 새롭게 론칭하는 '논픽션 플랫폼'에 이처럼 딱딱하고 어려운 내용의 연재를 허락해 준, 아니 적극 지원해 준 파이퍼의 김하나 대표님, 소희준·전찬우 리드님이 아니었다면 애초에 글이 써지지도 않았을 것이다. 그리고 그 연재를 모아 책으로 엮겠다는 용기를 내준 플랜비디자인 출판사의 이유림 실장님을 비롯한 관계자들께 깊은 감사를 전한다.

이 책의 이론과 설명틀, 근거 데이터와 분석 자료 등은 필자의 박사 논문을 토대로 했다. 10년 간 학위 취득을 질질 끌면서 낑낑대는 제자를 포기하지 않고 지도해 준 모교의 이내영 교수님에게 큰 빚을 졌다. 이 서문의 지면을 빌려 깊은 감사의 마음을 전하고자 한다.

마지막으로, '박사학위를 해야 한다, 빅데이터 MBA를 다녀야 한다, 논문과 책을 써야 한다'라는 핑계로 늘 바쁜 남편에게, 심지어 이제는 빅데이터 DBA까지 취득하고 싶다고 직장인 박사과정에 등록해버린 필자에게 언제나 용기를 북돋아주는 아내에게 가장 큰 감사의 말을 전한다. 그리고 시간을 더 많이 내어, 더 잘 놀아주지 못하고 있는 아빠로서 딸에게는 늘 미안하다.

두 사람에게 사랑한다는 말로 서문을 마친다.

2023년 5월
저자 고승연

차례

2부 싸움을 부추기는 것들

1

왜 싸우는지도
모르는 사람들

세대 갈등으로
설명할 수 없는 것

공정

　이 두 글자가 지난 수년 동안 한국 사회를 뒤흔들었다. 시작은 2018년 초 평창 올림픽이었다. '남북 여성 아이스하키 단일팀'을 구성하면서 논란이 불거졌다. 당시 정부에서 평창 올림픽을 계기로 남북 화해 무드를 조성하기 위해 북한과 단일팀 구성을 추진했는데, 대상 종목으로 여성 아이스하키팀을 선정했다. '남북 평화'라는 대의를 위한 일이었는데도, 큰 논란이 일었다. 특히 20대와 30대 남성들의 반발[1]이 가장 컸다.

1　평창 올림픽 개회 직전인 2018년 2월 2일 발표된 갤럽 여론조사 결과에 따르면, 단일팀 구성 자체가 '잘된 일'이라는 답변이 40%, '잘못된 일'이라는 답변이 50%였으며, 특히 '잘못된 일'이라는 답변이 20대에서 62%로 전 연령대 중 가장 높았고(30대 55%, 40대 36%, 50대 56%, 60대 이상 47%) 특히 20대 남성의 경우 70%로 전 연령대/성별 중에서 가장 높은 부정 의견을 내놓았다. 30대 남성은 66%가 '잘못된 일'이라는 답변을 해, 2030 남성의 거의 절대다수가 가장 크게 반발했다. 이후 올림픽 폐회 직후 조사 결과에

단일팀 엔트리를 구성하려면 일부 한국 선수들이 제외될 수밖에 없는데, 지금까지 국가대표로서 올림픽을 준비하고 노력해 온 선수들이 피해를 입는다는 비판이 나왔다. 당시 정부가 엔트리에 포함되는 선수 수를 늘려 제외되는 선수가 없도록 하면서 논란은 다소 가라앉았지만, 출전 시간이나 출전 기회와 관련된 문제 제기는 계속됐다.

20대는 이 사안을 비인기 종목, 메달 가능성이 없는 종목이기에 겪는 '불공정한 대우'로 인식했다. "여자 아이스하키가 메달권에 있지 않다"는 이낙연 당시 총리의 발언은 이러한 논란에 기름을 부었다.[2]

이렇게 등장한 '공정'이라는 단어는 이후 우리 사회의 갈등과 논란의 중심에 서게 된다. 2030세대(주로 언론에서 'MZ세대'라 묶어 부르는)의 가장 중요한 화두가 공정이라는 이야기가 나왔고, MZ세대를 '공정 세대'로 명명하는 이들까지 등장했다. 공정 이슈와 얽혀 있는 몇 가지 논란이 계속해서 발생했기 때문이다. 조국 전 법무부 장관의 자녀 입시를 둘러싼 수사와 재판 과정에서 벌어진 불공정 논란이 대표적이다. 이때까지

서는 전체적인 긍정 응답이 50%로 10%P 올랐고 부정 의견이 전 연령대(20대 34%, 30대 40%, 40대 32%, 50대 38%, 60대 이상 38%)와 성별에서 줄기는 했지만 여전히 20대와 30대 남성은 각각 41%와 43%가 부정 의견을 표출해 25%, 35%가 부정 응답을 한 같은 세대의 여성들보다 더 크게 반발하는 모습을 보였다.

2   이와 관련한 논의는 박원익과 조윤호의 <공정하지 않다> p.36을 참고했음.

는 사실 기존의 '공정성 이슈'와 크게 다를 바가 없었다. 기회의 평등, 입시나 입사에서의 공정한 평가라는 큰 틀에서 특혜나 특권이 없어야 한다는 세대 불문의 공정성 인식을 기반에 두고 있었다. 그러나 '무엇이 공정인가'를 놓고 세대별로, 성별로 약간씩 다른 생각을 하고 있는 게 아닐까 의심이 드는 일이 발생하기 시작했다.

모두에게 다른 공정의 의미

바로 인천국제공항공사 비정규직의 정규직화 문제(이른바 '인 국공' 논란)를 둘러싼 '공정 논란'이다. 기존의 공정성과 다른 부 분이 논쟁의 화두가 됐다. 20~30대, 특히 20대 남성들이 생 각하는 공정이란 무엇인지 깊은 고민을 하게 만들었다.

비정규직과 정규직의 극심한 근로 조건 차이를 만드는 불 공정성이 더 문제인지, 시험을 통해 정규직을 '쟁취'한 이들과 동등하거나 유사한 지위를 '시험 없이' 갖게 되는 불공정이 더 문제인지 논쟁을 해야 하는 상황이 된 것이다. 비정규직에 대 한 부당한 처우가 불공정과 불평등의 핵심이라고 생각했던 30대 중반 이후의 세대, 특히 진보성향이 강하다고 평가받는 40대와 50대는 이러한 논란을 제대로 예측하지 못했다.

그러면서 모두가 공정이라는 단어를 진정 같은 의미로 사 용하고 있는 것인지 근본적인 의문이 제기됐다. 우리는 연령 대에 따라, 성별과 각자가 속한 계층에 따라 공정이라는 단어 자체를 다르게 사용하고 있었던 게 아닌가 하는 의문이었다.

추후 데이터와 사례로 검증해 보겠지만, 20대 남성들에게 공정이란 '모두가 완전히 동등한 조건에서 오직 실력과 능력 으로 경쟁하는 것'을 의미했다. 20대 여성들에게는 여성으로 서 느끼는 차별이나 위험이 제거된 상황 속에서 온전히 자신의 능력을 발휘할 수 있는 기반을 마련하는 것이었다. 30대 중·후반 이후 세대, 즉 전기 밀레니얼세대와 X세대에게는 전반적으로 '부당한 대우와 불평등의 해소'가 공정의 핵심이었다. 그 이전 세대(586이상)에게는 주로 고전적이고 추상적인 의미의 '기회의 평등'이나 '결과의 평등'을 놓고 벌이는 논쟁의 연장선상에 공정이라는 단어가 놓여 있었다.

같은 한국어 단어를 세대별로, 때로는 성별로 묘하게 다른 뉘앙스의, 다른 맥락에서 사용하고 있었던 셈이다. 게다가 공정은 세대, 성별을 넘어 경제적 계급 또는 계층별로도 다른 의미에서 쓰이고 있었다. 2021년 봄 대기업의 '성과급 논란'을 거치면서 이 부분이 확인됐다. 당시 SK하이닉스, 현대자동차, LG 등 유수 대기업의 젊은 직원들은 성과급 책정과 차등 지급의 기준을 놓고 '보상의 공정성' 문제를 제기했다. 이때 벌어진 공정 논란은 MZ세대 전체의 문제가 아니라 '기득권 MZ', 즉 고연봉의 좋은 직장에서 정규직으로 일하는 이들의 '개인적인 불만'을 중심으로 한 논란이었다. 이들이 말한 공정은 극심한 불평등에 시달리는, 부당한 처우를 받고 있는 지방의(고학력이 아닌), 비정규직의 MZ세대에게는 그저 '먼 나라 이야기'일 뿐이었기 때문이다. 당시 필자가 재직 중인 연구소 동료는 대기업마다 벌어지고 있는 성과급 논란과 공정성 문제가 주로 '똑같이 어려운 시험을 보고 대기업에 입사한 사람들', 즉 사회적으로 어느 정도 성공했다고 느끼는 20대와 30대 초반 직장인들이 타사의 친구들과 자신을 비교하면서 나타난 것으로 보며, 이러한 유수 대학 출신 대기업 입사자들의 목소리가 마치 MZ세대 전체의 목소리인 것처럼 과다 대표되고 있음을 지적하기도 했다.[3]

모두가 중요하다고 생각하고 한마디씩 자신의 의견을 덧붙이던 화두조차 세대, 성별, 심지어 계층에 따라 다른 의미로 받아들이고 있던 이유는 무엇일까? 왜 우리는 같은 단어를 다른 의미로 사용하고 있다는 걸 눈치채기 어려웠을까?

문제는 세대가 아니라 시대야

세대론으로 모든 걸 설명하려고 했기 때문이다.

공정이라는 단어가 뜨거운 감자가 되기 전부터 한국 사회는 '세대론 앓이'[4]를 하고 있었다. 사상 최악의 취업난을 뚫고 직장에 들어온 밀레니얼세대 젊은 직장인들이 조직문화에 적극

---

[3] 관련 보고서는 비공개지만, 필자는 보고서 작성에 조언하는 역할을 수행해 그 내용을 비교적 상세하게 알 수 있었다. 보고서 작성자는 현재 라인의 글로벌리스크매니지먼트팀에서 일하고 있는 90년대생 연구자다.

[4] 세대 구분과 세대론에 대한 상세한 설명은 추후 관련 챕터에서 상세히 다룬다.

적으로 문제를 제기하고, 거침없이 퇴사하는 것이 화제가 됐다. 이전까지 '청년' 프레임으로 소비되던 20~30대 초반 젊은 이들을 '뭔가 다른 성향을 가진 세대'로 바라보면서 밀레니얼 세대 담론이 유행하기 시작했다. '디지털 네이티브'라는 그럴싸한 별칭도 붙었다. 밀레니얼이라는 분석틀이 인기를 끌자 그 다음 세대인 Z세대에 대한 관심도 높아졌다. 이들에게는 '포노사피엔스'[5], '모바일 네이티브'라는 별칭이 붙었다. 두 세대를 합쳐 'MZ세대'라는 다소 어색하고 이상한 세대 구분[6]이 만들어졌고, 원래 개념 정의나 사회 현상에 대한 면밀한 분석 따위는 시도조차 하지 않는 한국 언론에서는 이 명명을 무한 재생산하기 시작했다.

언론의 '답정너'[7]식 질문에 그럴싸하게 대답하는 게 전문가라고 믿는 한국의 자칭 사회문제 전문가, 세대·청년 전문가들은 자연스레 공정 담론도 '저성장 기조 속에서 기회의 부족에 시달린 MZ세대의 절박한 요구'라는 한마디로 설명했다. **계**

---

5 스마트폰을 신체의 일부, 뇌의 연장으로서 쓰는 신인류
6 40대 아저씨와 19세 여고생이 한 세대로 묶이는 'MZ세대'는 그 자체로 개념적 결함이 크다. 단 언론에서는 20대와 30대 초반을 총칭하는, 90년대생 정도의 의미로 쓰고 있는 듯하다.
7 '답은 정해져 있고 너만 대답하면 돼!'라는 뜻으로, 대화 중에 특정 답변을 유도하거나 기사나 글을 쓸 때 이미 결론을 정해 놓고 그 결론에 맞는 근거만 취사선택하는 경우에 쓰는 표현이다.

층, 성별, 세대 등 다양한 요소가 얽힌 복잡다단한 문제를 그냥 세대 문제로 정리해 버리고 말았던 거다.

공정 담론을 포함해 대부분의 사회 현상, 특히 청년 세대와 관련된 새로운 현상이나 트렌드를 모두 MZ세대 현상으로 간편하게 처리해 버린 뒤에 기성세대와 기성조직은 마음의 평안을 얻었다. 그러나 빈번한 이직과 퇴사는 세대 불문하고 일어나는 현상이었고, 커리어에 대한 사회 전반의 인식과 사람들의 직업과 직장에 대한 태도가 바뀌었기 때문에 벌어지는 일이기도 했다. 기존의 관행과 조직문화, 오래된 보상 시스템으로는 인재 유지(talent retention)가 어려워진 상황이었는데, 이런 기업 다수가 적극적으로 MZ세대 담론을 받아들였다. 오죽하면 2021년 마케터들이 가장 듣기 싫은 세 단어(다짜고짜 그런 방향으로 기획해 보라는 지시가 쏟아져서)가 'MZ세대', '메타버스', 'NFT' 라고 했겠는가?

왜 이런 일이 발생했을까?

'공정성에 민감하고 기성세대와는 다른 특이한 MZ세대'라는 프레임은 기성 조직의 임원과 리더들에게 '우리 조직과 내가 문제가 아니라 저 세대가 특이한 것'이라는 의식의 흐름을 만들어줬다. 나와 조직이 시대에 뒤떨어진 게 아니고, 특이한

저들만 잘 이해하면 문제가 해결된다는 단순한 해법도 금방 나올 수 있었다. 이는 '시대 충돌'을 '세대 갈등'으로 덮어씌우는 효과를 만들어냈다. 시대가 달라지면서 생긴 균열을 MZ 세대의 특성 탓으로 돌린 셈이다.

"다음은 또 무슨 세대냐?"라고 되물으며 지겨워하고 비웃는 사람들이 많아도 세대론이 반복되는 건, 편리하고 마음 편한 프레임이기 때문일지도 모른다.

세대 내부의 균열

사실 '세대'는 세상 모든 걸 설명할 수 있을 것 같지만 생각보다 많은 문제를 설명할 수 없는 변수다.[8] 그런데 듣다 보면 공감도 쉽게 되고 다양한 에피소드도 공유할 수 있다. 사람들이 쉽게 빠져드는 이유다.

우리가 술자리 수다에서 흔히 떠드는 세대론은 대부분 세대론이 아니라, 그냥 '연령대 특성'에 관한 얘기다. '10대나 20대는 도전적이고 진취적이다. 사회에 대한 불만이 많다', '50대 이상은 변화보다는 안정을 추구한다'는 식의 설명, 즉 **연**

8　고승연의 <Z세대는 그런 게 아니고>(북저널리즘, 2020)의 서문을 참고할 것.

령 효과이다.

엄밀히 말해 '세대'란 각 연령대가 10대나 20대 등 가치관 형성기에 겪은 중요한 사건이나 트렌드, 공통된 경험으로 인해 함께 공유하는 정서나 신념, 특성 등을 갖고 있는 집단이다. 비슷한 경험을 한 인구 집단이 일정한 특성을 공유하는 걸 **코호트 효과**라고 부른다. 그렇기에 세대론 자체가 무의미한 분석틀은 아니다. 다만, 훨씬 더 중요할 수 있는 사회경제적 지위, 즉 직업이나 소득, 보유자산과 같은 변수를 지워버리기 때문에 매우 위험하다. 문제 해결에 큰 도움이 되지도 않는다.

이해하기 쉽고 공감하기 편하면서도, 문제 분석이나 해결에 도움이 되지 않는 특성. 이게 세대론의 생명력을 강화하고 연장시킨다. 잘 설명이 되지 않고 문제 해결에 도움이 되지 않을 때 다른 세대론이나 다음 세대론을 가져오면 되기 때문이다.

게다가 일부 작동하던 세대론의 공식도 이제는 달라지고 있다. 한국 사회의 사회경제적 배경과 미디어 환경이 급변하면서. 세대 간 간극이 벌어지는 동시에 세대 내에서도 균열이 일어나고 있다는 얘기다.

세대 간 차이만큼이나 큰 세대 내 차이

한국은 이제 선진국이 됐다. 선진국의 기본적인 특징은 '저성장과 양극화'다. 경제 규모가 일정 수준에 올라서면 성장률 자체가 매우 떨어지고 자연스레 기회의 사다리는 끊어지며, 경제적·사회적 계층은 고착화된다. 빈부격차도 커진다. 여러 계층과 다른 배경과 교육 수준을 가진 사람들이 뒤섞여 사는 '소셜 믹스(social mix)'가 약해지며 거주 지역과 소속 계층에 따라 10대부터 20대까지 겪는 경험이 매우 달라진다.

완전히 달라진 온라인 생활환경과 미디어환경은 이러한 차이를 더욱 극대화한다. 예전에는 대부분 몇 개의 매스미디어 채널을 통해 뉴스와 정보를 받아들였다. 그래서 사회적 합의 지점이 비교적 쉽게 도출되는 부분도 있었다. 반면 이제는 각 개인이 어떤 소셜미디어에서 주로 어떤 이들과 연결돼 있는지, 주로 활동하는 커뮤니티는 어디인지, 유튜브는 주로 어떤 콘텐츠를 보는지 등에 따라 아예 '다른 세계'를 살고 있는 상황이 돼버렸다.

그 결과 세대론으로 사회 전체의 문제를 분석하고 트렌드와 현상을 설명하는 데는 더더욱 큰 한계가 생겼다. 현재의 30대 중·후반, 즉 밀레니얼 초기 세대까지만 해도 동년배 집단이 가진 공통의 경험과 정서에 기반한 세대론이 어느 정도 설명력이 있었지만, 이제 상황이 달라졌다는 뜻이다. 20대와 30대 초반까지의 연령대에서는 세대 내 차이가 크고, 30대 중·후반 이후 연령대에선 여전히 세대 간 차이가 존재한다.

모두가 다른 화면을 보고 있다

30대 중·후반 이후 연령대에선 세대 간 차이가 오히려 심해지는 현상도 나타난다. 세대 간 차이는 일반적으로 후배 세대가 나이가 들어 이전 세대의 위치에 올라가고, 이전 세대가 기존의 위치에서 서서히 물러나면 자연스럽게 그 간극이 좁아지며 세대 차가 해소되곤 했다. 그런데 지금은 그 간극이 좁혀지기는커녕 더 벌어지고 있다.

특히 현재 40대와 50대 이상의 차이는 뚜렷하다. 586세대와 그 윗세대인 산업화세대는 고령화와 정년 연장 속에서 여전히 조직에 남아 있다. 현재 40대는 이전 세대가 40대에 경험했던 위치에 오르기 어려워졌다. 게다가 이들은 한국 역사상 가장 자유분방한 세대로 불렸던 X세대인 만큼, 50대 이상과 문화적으로 융합하기 어려운 부분이 있다. 40대가 거대 커뮤니티이자 인터넷 하위문화의 발상지인 디시인사이드의 '조상님'이고, 최초의 다음 카페 '시숍(SYSOP, 운영자)'이었던 걸 생각하면 이해하기 쉬울 것이다. 지금도 40대는 페이스북(일명 '페고다 공원')[9]과 다양한 취미·정치·사회 관련 커뮤니티에서 활발히 활동하고 있다. 나중에 데이터로 알아보겠지만, 이들은 한국 역사상 최초의 개인주의자들이기도 하다.

반면 50대는 강한 집단주의 성향을 갖고 있다. 그들에게 회사는 아직도 함께 야근하고 회식을 하며 팀워크를 다지고, 헌신하면서 함께 성장하는 조직이다. 그들에게 한국은 그런 조직들이 모여 발전해야만 하는 개발도상국이다. 머릿속으로는 한국이 선진국이 됐다는 걸 알고 있지만, 몸이 기억하는 내 나라, 한국은 여전히 개도국이라는 뜻이다. 꼭 필요하지 않은데도 보고서에 '선진국 벤치마킹'과 '해외 선진 기업 사례'가 들어가야 만족하는 이유다.

이런 현상은 한국이 이뤄낸 초고속 압축 성장의 부작용이기도 하다. 50대 이상이 살아온 나라와 40대가 살아온 나라가 전혀 다른 곳이었기 때문이다. 그리고 20대와 30대 초반이 살아온 한국이라는 국가도 저성장과 양극화가 일상화된, 또 다른 곳이었다.

---

9 40대 이상은 주로 페이스북에 모여 시사 비평을 하거나 세상만사를 논하는 모습을 볼 수 있다. 이는 마치 파고다 공원의 할아버지들 같다고 해서 '페고다 공원'이라고 불리기도 한다.

각각 후진국, 개도국, 선진국 초입과 진입 이후의 다른 시
대에 성장한 여러 세대들이 최첨단 IT인프라 환경을 갖춘 나
라에서 모두 스마트폰을 사용한다. 연령대별, 취향별, 정치
성향별로 쪼개져 각자의 커뮤니티와 소셜미디어 플랫폼에서
유유상종하며 각자 다른 세계에 살고 있는 셈이다. 이것을 갈
등의 근본적인 원인으로 바라봐야 한다.

모두가 다른 화면을 보고 있다

각각 후진국, 개도국, 선진국
초입과 진입 이후의 다른 시대에
성장한 여러 세대들이 최첨단
IT인프라 환경을 갖춘 나라에서
모두 스마트폰을 사용한다.

연령대별, 취향별, 정치 성향별로
쪼개져 각자의 커뮤니티와
소셜미디어 플랫폼에서
유유상종하며 각자 다른 세계에
살고 있는 셈이다.

이것을 갈등의 근본적인
원인으로 바라봐야 한다.

우리가 싸우는 이유

보수 vs. 진보 구도로는 이해할 수 없다

우리가 이렇게 **더 분절화된 세계**에 살고 있다는 사실은 2022년 20대 대통령 선거를 통해 직·간접적으로 확인됐다.

본래 한국의 선거는 2000년대 초반까지는 '지역주의 구도'가 거의 모든 걸 결정했고 이후에 이념과 연결된 세대(연령대)가 중요한 변수로 부상했다. 즉, 20대부터 30대까지는 진보성향이 강해 현 야당(민주당 계열)과 진보정당(현 정의당 계열)을 더 많이 지지하고 50대 이후로는 보수성향이 강해 현 여당(국민의힘 계열)을 더 지지했다.

'약화되는 지역주의, 고착화된 세대 영향력'은 최근 한국 선거 20년 간의 법칙이었다. '진보적 2030'과 '보수적 50대 이상 세대', '캐스팅 보트를 쥔 40대'라는 법칙이 존재했다. 이러한 현상은 코호트 효과라기보다는 **연령 효과**에 가까워 보였다. 한국 사회에서 끊임없이 연령 효과를 중심으로 한 세대론이 인기를 얻었던 배경이기도 하다. 물론 2023년 현재의 40대는 연령 효과가 거의 나타나지 않는 독특한 세대로서 진보성향을 유지하고 있다. 즉, 지금 40대와 50대 초반 연령대의 '진보성향 유지'는 상당히 예외적인 현상이라는 뜻이다. 물론 이 현상은 이들이 연령 효과를 드러내야 될 시점에 드러내지 않아(즉, 보수화 돼야 할 시점에 그렇게 되지 않아) 확인된 현상이기도 하다.

자칭 전문가와 언론인들이 지난 20년 간의 법칙과 분석틀 (지역주의와 세대 변수)로만 사회와 정치를 분석하다 보니 결국 지난 대선에서는 오류가 발생했다. 언론에서는 2030, 이른바 **공정 세대**인 MZ세대가 불공정에 항의하기 위해 20대 대선에서 현 여당(당시 야당)과 후보를 지지하면서 '세대 균열'에 변화가 일어났다는 걸 강조했다. 공정을 중요시하는 이들의 특징 때문에, '청년 세대는 진보적'이라는 공식이 깨졌다는 설명이었다. 그런데 앞서 살펴봤듯이, 20대와 30대를 MZ세대 하나로 묶는 것 자체도 어색하고 문제가 많았을 뿐더러, 성별/계층별로 '공정'이라는 개념을 미묘하게 다른 것으로 인식하고 사용하고 있다는 점을 간과했다.

자칭 정치평론가들과 다수 언론인들은 40대부터 그 이전 세대 고령층의 투표성향과 지역별 투표행태 예측[10]에는 어느 정도 성공했으나 20대와 30대에서 성별과 계층에 따라 갈라지는 투표행태는 거의 예측하거나 설명하지 못했다.[11] 특히, 왜 20대와 30대에서 대한민국 역사상 최초로 성별에 따라 다른 투표행태가 나타났는지는 전혀 예측하지도, 설명하지도

---

10 "20대 대선, 지역별·연령별·성별이 승패 갈랐다", 대전일보, 2022년 3월 10일자 보도 http://www.daejonilbo.com/news/articleView.html?idxno=1509670
11 "2022년 대선 성별·연령별 출구조사 결과", 연합뉴스, 2022년 3월 9일자 보도 https://www.yna.co.kr/view/GYH20220309000900044

못했다. 이미 그 징조가 여러 인터넷 커뮤니티와 소셜미디어에서 감지되고 있었음에도 말이다. 세대론에 대입해 '공정 세대 = 2030 = MZ세대'를 하나로 묶어 편하게 분석하고 설명하던 지적 게으름이 낳은 결과였다.

마이크로 세그먼테이션

지금의 대한민국은 물리적 거주 지역이나, 나이대만으로 개인의 정치 성향은 물론 사고방식과 가치관, 삶의 형태와 시장 선호 등 그 어떤 것도 함부로 예측할 수 없는 **극도로 분절화된 사회**가 됐다. 단순히 정치적인 성향이 더 극단화되고 상대 진영을 더 미워하는 '정서적 양극화'만 강해진 것이 아니라, 소비시장과 정치시장 모두에서 **마이크로 세그먼테이션** (micro segmentation)[12]이 일어났다.

단적으로, 대선 기간 중 '여가부 폐지'라는 마이크로한 공약 한 줄에 대한 반응은 나이대는 물론 성별, 계층별로 매우 달랐다. 20대 남성 중 과반은 열광했으나, 무관심하거나 잘못

---

12 '초세분화'라는 뜻으로 소비시장에서는 소비자들이 각자 자신의 취향과 성향에 따라 조금씩 다른 제품과 서비스를 찾는 현상이며, 정치시장에서는 '나를 위한 맞춤형 정책'을 요구하는 현상이다.

됐다는 생각을 하는 20대 남성도 상당수 존재했다. 20대 여성 절대다수는 엉뚱하고 황당한 공약이라고 인식했다. 30대, 40대도 마찬가지로 같은 연령대 내에서 어떤 성향의 커뮤니티에서 활동하고 어떤 성별인지에 따라 아예 무관심하기도, 적극적으로 반대하거나 찬성하기도 했다.

배달 오토바이의 난폭운전을 막는 공약, 반려동물을 사랑하는 사람들을 위한 공약 등이 '한 줄 공약'이나 '소확행(소소하지만 확실한 행복) 공약' 등의 형태로 대선 과정 중 양대 후보에 의해 끝없이 쏟아졌다. 초세분화 공약이 쏟아지면서 기존의 거대 담론, '성장이냐 분배냐', '4차산업혁명 시대 일자리 정책은 어떻게 바꾸어야 하나', '교육의 수월성을 강화해야 하나' 등의 큰 문제는 거의 논의되지 않았다.

시대 충돌
2060이 살고 있는
세 개의 다른 시대, 다른 나라

극도의 분열과 갈등

　현재 한국 사회를 설명하는 중요한 문구다. 그러나 원인을
제대로 파악하지 못하고 있으며, 당연히 해법도 못 내놓고 있
는 상황이다. '자칭' 언론인과 지식인들이 '국민 통합의 정치
가 중요하다'며, 배고플 때 밥 먹어야 한다는 수준의 말만 하
고 있을 뿐이다.

　한국의 많은 사람들은 더 분절화 됐으며, 점점 크게 묶이지
않는 마이크로한 정체성을 갖게 됐다. 아니, 어쩌면 젊은층
다수는 정체성 자체도 불분명한 듯하다. 그때그때 변화하기
도 한다. 물론 연령대에 따른 공통 특성이나 공통의 경험 기
반을 가진 동년배 효과, 즉 코호트 효과를 지닌 세대 간 차이
의 의미가 사라진 건 아니다. 다만 예전보다 그 설명력이 약
화됐고, 계속 약화되고 있다는 의미다. 연령대와 성별, 여러

취향에 따라 쪼개져 살게 된 지금 우리는 오히려 세대를 더 조심스럽게 나눠서 바라봐야 한다. 그런 뒤에야 세대 안에서 발생하고 있는 차이도 이해할 수 있다.

이제 세대를 면밀히 나눠 '진짜 세대 특성'을 정리해 보겠다. 각 세대가 어떻게 비슷하고 다른지, 왜 '다른 세계에 산다'고까지 할 수 있는지 알게 될 것이다. 현재 60대, 50대인 산업화 세대와 586세대부터 살펴보자.

코호트 효과 기반의 세대 구분

'세대'는 세상의 모든 갈등과 문제를 설명할 수 있는 만능 변수가 아니다. 매력적이긴 하지만 말이다. 그래서인지 우리는 늘 '시대'를 논하며 '세대'를 소환하는 실수 아닌 실수를 저지른다. 물론 세대가 영향력이 없는 변수는 아니다. 특히 '연령 효과'가 아닌 '코호트 효과'를 논할 땐 더 그렇다.

그렇다면 인생의 가치관 형성 시기에 같은 경험을 하고 어느 정도 그 연령대가 공유하는 정서와 가치관, 행동 패턴을 갖게 되는 '코호트 효과'를 기반으로 분석한다면, 한국의 세대 구분은 어떻게 해야 할까?

이 글을 읽는 여러분은 아마도 머릿속에 그려지는 대략적인 세대 구분이 있기는 할 것이다. 필자는 틈만 나면 '기획 없는 기획 기사' 쓰면서 직접 '~~세대'라고 명명까지 만들어내지만, 늘 대중의 공감을 얻는 데에는 실패하는 한국 언론의 세대론을 벗어나고자 한다. 따라서 진지하게 세대 문제를 다루고 있는 학자 및 연구자, 컨설턴트, 마케터 등의 책과 논문을 정리[13]했다. 현재 사회 활동을 많이 하는 세대를 중심으로

---

13   세대론과 관련해서는 많은 자료를 참고했으나, 가장 많이 영향을 받은 논문과 서적은 허석재 박사의 "지역균열은 어떻게 균열되는가"<현대정치연구> 2019, 이현우 교수 등이 공저한 <표심의 역습> 2015, 노환희 등의 논문 "한국 선거에서의 세대 효과"<한국정당학회보> 2013, 제프 프롬 등이 쓴 <최강소비권력 Z세대가 온다> 2018, 김용섭의 <

	산업화세대	586세대	X세대	Y(밀레니얼)세대	Z세대
연령	1940년대 중반 이후부터 1950년대까지 출생한 이들로 현재 다수가 60대 이상(한국전쟁 이후에 등장한 베이비붐 세대)	'30대, 80년대에 대학 다녔던 60년대생'이라는 의미로 20여 년 전 '386세대'로 명명, 현 50대 다수	1970년대생들이 주축이고, 2022년 현재 다수가 40대	1982년[14] 이후부터 1990년대 중반까지 출생한 이들. 2022년 현재 30대의 다수를 차지	1996년(또는 1997년) 이후부터 2000년대 후반까지의 출생자들. 현 10대 중·후반부터 20대 후반
공통 경험	1960년대 중반 이후 1990년대 초반까지 경제개발·고도성장 시기 청년-중년기 보내며 산업화 주역으로 활동	한국사회 민주화 주역으로 실제 군부독재에 맞서 승리한 세대라는 자부심	1997년 IMF 외환위기 이전까지 '개성과 자유' 상징. IMF 위기로 '생존'이 화두가 되며 기성세대 조직과 문화에 순응	선진국이 되고 있으나 경제적 양극화와 빈부격차가 심화하고, 비정규직 양산과 차별, 각자도생이 시작된 시기에 성장	이미 선진국이 된 나라에서 성장했으나, 양극화가 고착화된 2010년대 이후에 자라면서 치열한 경쟁을 당연시하게 됨
현재 상황	의료체계와 의학 발전으로 건강하고 왕성하게 사회활동	한국사회의 '신기득권'이라고 불리며 2023년 현재 정치, 사회, 경제 분야 전반에서 가장 왕성하게 활동하고 있는 세대	새로운 대중문화를 소비하고 창출한 세대. 아날로그에서 디지털로 인프라 변화 시기의 '디지털 이민자' '영포티(Young Forty)'로 불림	최초의 '디지털 원주민(native)'이자 '이전과 다른 세대'로 불리며 기성 조직의 문화/관행에 적극적 문제 제기	모바일 세대로 '포노사피엔스' 특성을 지니고 있으며 '경쟁과정에서의 공정' 등 중시

〈표 1〉 일반적인 한국의 세대 구분

요즘 애들, 요즘 어른들> 2019, 최인수 등이 쓴 <2020 트렌드모니터> 2020, 이은형 교수가 쓴 <밀레니얼과 함께 일하는 법> 2019, 고승연의 <Z세대는 그런 게 아니고>2020, 김효정의 <MZ세대 사용설명서>2022 등이다.

14 1984년 이후 출생자부터로 규정하는 경우도 있다.

그들이 겪은 주요한 사건과 그로 인해 형성된 특성으로 세대 구분을 정리한 것은 <표 1>과 같다.

<표 1>에서 정리한 세대 구분은 주로 각 세대가 겪은 중요한 사건과 공통의 경험에 의한 것이다. 대부분의 나라가 그렇긴 하지만 한국은 지난 70~80년 간 워낙 역동적인 변화를 겪었고 그 과정에서 굵직한 정치, 경제, 사회 사건이 많았다.

건국 이후만 봐도, 한국전쟁, 4.19혁명, 5.16쿠데타, 유신독재와 오일쇼크, 10.26 박정희 피살, 신군부의 쿠데타, 1980년 서울의 봄(민주화의 기운)과 광주 민주화 운동, 3저 호황 속 비약적 경제 성장, 1987년 6.10 민주화 운동 성공과 직선제 개헌, 1988년 서울올림픽 개최, 1992년 문민정부의 탄생, 1997년 IMF 경제 위기와 극복, 2002년 월드컵 4강 신화와 최초의 촛불시위(미군 장갑차 사건), 비주류(노무현) 대통령의 탄생, 그리고 15년 뒤 벌어진 '국정농단'과 '탄핵'이라는 초유의 사건까지 간단하게만 봐도 이렇다.

사정이 이렇다 보니 10대와 20대 초반, 즉 가치관 형성기에 공통적으로 경험한 사건에서 나름의 코호트 효과가 생긴다. 한국에서 세대론이 유난히 인기를 끌고 나름 그럴싸하게 들렸던 이유는 바로 이런 한국의 현대사, 한국의 특성과도 관련이 있다.

동시대 효과를 기준으로
20대부터 70대까지 5개 세대를
발전주의세대, 자유주의세대,
개인화세대의 3개 세대로 다시
묶은 것은 한국 사회가 가진
'비동시성의 동시성' 덕분이었다.

세대 3분류법을 적용하면
극심한 갈등이 더 잘 이해가 될
것이다. 물론 세대 내 분열이
가속화되고 있기 때문에 이것이
전부는 아니다.

우리가 싸우는 이유

다만 횡단면이 아닌 종단면,
시간의 축 개념으로는
'동시대인인지 아닌지',
'같은 시대정신을
공유하는지 아닌지'가

나름의 중요한 설명 변수가
된다는 얘기다.

'동시대 효과'에 따른 세대 구분

그런데 여기에 우리는 하나의 설명을 더 추가할 필요가 있다. 코호트 효과보다는 좀 더 긴 시간 동안 체득되는 문화와 관습에 따른 세대 분류다. 필자는 이를 '동시대 효과'라 부르고자 한다. 이것은 정식 학술용어는 아니지만 그래도 꽤나 유용한 개념이다. 산업화와 민주화는 약간의 시차가 있지만 상당 기간 중첩돼 진행됐고, 당시 각 세대가 가진 이념과 정치·사회적 가치관 외에 그냥 문화적이고 관습적인 의식과 가치관은 '동시대인'으로서 유사했다. 다른 세대라도 인접한 세대라면 공통점을 도출해 낼 수 있다는 얘기다. 물론 **코호트**라는 단어에 **동년배**라는 뜻이 있고, 이를 다른 말로 하면 '동시대 출생 집단 효과'이기 때문에 그냥 동시대 효과라 부르면 코호트와 별 차이가 없는 개념이라 생각할 수 있으나, '출생 집단'이라는 말 대신 해당 세대가 어떤 시대를 살며 어떤 문화와 관습을 공유했는가에 초점을 맞춰 **동시대 효과**라는 말을 사용하고자 한다.

산업화세대와 586세대를 이런 관점에서 다시 들여다보자.

서로 상극일 것 같은 산업화세대와 586세대는 동시대 효과라는 측면에서는 유사성이 꽤 크다. 바로 '집단주의'를 공유하고 있는 것이다. 국가의 경제 발전이냐, 국가의 민주화냐 하는 지향점이 달랐을 뿐 결국 중심에는 국가와 민족이 있었다. 목표를 향해 가는 과정에서 매우 일사불란하게 움직이는 조직을 중심에 놓고, 단결과 충성을 매우 강조했다. 사실상 강요하다시피 했고, 대부분 수긍하기도 했다.

세계 최악의 빈곤국에서 탈피해 경제 발전을 이뤄야 했고(산업화세대), 군부 독재의 탄압에 맞서 민주화를 이뤄내야 했기에 (586세대) '단결과 충성', '조직에 대한 헌신' 등은 굉장히 중요한 가치일 수밖에 없었다. 충분히 이해가 되는 부분이고, 두 세대 사이를 **집단주의 문화**가 관통하고 있다는 것도 납득할 것이다. 덧붙여 경제적 발전과 정치적 발전, 즉 **발전**이 이 두 세대를 꿰뚫는 시대정신이었다는 점도 이해할 수 있을 것이다.

실제 데이터로는 이게 어떻게 나타나고 있을까? 이런 연구 자체가 한국에 거의 없기는 하지만, 2015년 전후에 나름 의욕을 가진 언론사 한 곳과 연구자들이 의기투합해 다양한 분석을 시도한 적이 있다. 서강대 현대정치연구소의 학자들과 내일신문의 진지한 기자들이 모여 진행한 상당히 의미 있는 조사이자 연구였고 <표심의 역습>[15]이라는 책으로도 나왔다. 보통 기계적으로 20대, 30대, 40대 등으로 분류하던 각 연령대를 더 쪼개고 코호트 효과를 감안해 세대를 세분화한다. 성장

15　2016년 이후에는 총선 결과를 토대로 개정증보판도 나왔다.

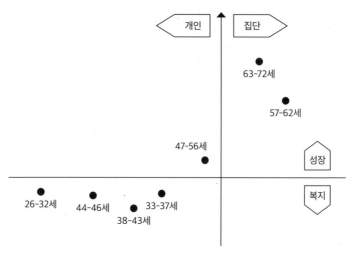

〈그림 1〉 연령대별 개인주의-집단주의 성장-복지 선호 성향
(출처 : 이현우·이지호·서복경·남봉우·성홍식. 2016. <표심의 역습> 서울:책담)

기에 겪은 주요 사건에 따라 각각의 세대를 별도로 명명하고 분석을 했는데, 특히 '성장과 복지'라는 전통적 보수 VS. 진보 가치와, 집단주의 VS. 개인주의라는 문화적이고 생활 태도적인 가치관을 교차시킨 분석이 상당히 흥미롭다.

개정증보판 기준으로 <표심의 역습>이 나온 지 6년 정도 지났다. 그 시간 동안 보수화되고 안정 희구 성향이 강해지는 이른바 연령 효과가 나타났다고 하더라도 전 세대에 걸쳐서 최소한 동일하게 나타났다고 생각한다면 큰 문제가 되지는 않을 것이다. 전체 책을 보지 않는 독자들이 헷갈릴 수도 있기에 책에서 제시한 세세한 세대 명명은 빼고, 그 당시 세대 구분 기준 나이대에 6을 더해 재구성했다.

산업화세대와 민주화세대는 비슷한 가치를 공유한다

<그림 1>을 보면, 굉장히 흥미로운 포인트가 많은데, 일단 1980년대 초·중반 학번대에 속한 연령대인 현재의 57세부터 62세까지의 연령대 사람들은 그 이전의 유신세대나 산업화세대보다도 약간 더 집단주의 성향이 강한 것으로 나온다. 두 세대 모두 복지보다는 성장을 중시하는데, 아무래도 산업화의 주역이었던 63세에서 72세 연령대 사람들이 성장을 더 중시하는 것으로 나타나고 있다.

현 시점에서 처음 X세대가 섞여 있는 연령대인 47세에서 56세(대략 1980년대 후반부터 1990년대 초·중반 학번) 연령대에서 미세하게나마 집단주의보다 개인주의 성향이 강하게 나타나고 있는 것과 크게 대조된다. 서로 상극일 것 같은 산업화 세대와 민주화 세대가 현 시점에서 사실은 비슷한 유형의 이념과 문화적 가치를 공유하고 있다는 게 정교하게 설계된 조사 결과에서 잘 나타난 셈이다.

산업화세대와 586세대는 정치와 경제 영역에서 '후진국 대한민국의 발전'이라는 화두이자 시대정신을 젊은 시절에 공유했다. 앞서 언급했듯, 지금도 머리로는 한국이 선진국이라는 사실을 알고 있지만 무의식중에 우리는 여전히 더 발전해야 하고, 유럽과 미국, 특히 일본의 선진 사례, 글로벌 기업의 선진 사례를 벤치마킹해야 한다고 강조한다. 자신들이 리더로 있는 조직에서 보고서를 받아볼 때, 어쨌든 '선진국 사례'가 있어야만 마음을 놓는다.

당연하게도, 이들은 회사의 발전을 위해, 조직의 발전을 위해 헌신할 생각이 전혀 없는 젊은 세대를 이해하기 어려워한다. 그러나 언론과 각종 강연에서 하도 'MZ세대가 특이하지만 이들을 존중해야 한다'고 떠드니 일단 이해하는 척은 하려고 하는 정도의 상황이다.

가치관이 비슷한
30대 중·후반 이상과 40대

앞서 X세대를 구성하고 있는 40대와 30대 중반 이상의 밀레니얼세대가 여러 측면에서 하나로 묶일 수 있다는 것이 데이터로 드러난 것도 주목할 만한 부분이다. <그림 1>을 다시 보면, 30대와 40대가 어떤 동시대 효과의 영향을 받고 있는지 알 수 있다.

현재 40대가 포함된 연령대는 일단 모두 개인주의 영역에 들어온다. 그중에서 산업, 586, X, M, Z로 구분하는 일반적 세대 명명에서 X세대만 존재하는 44-46세는 Z세대가 많이 속해 있는 26~32세 연령대 다음으로 개인주의 성향이 강한 것으로 나타난다. '가장 나이가 많은 밀레니얼세대'와 X세대가 혼합된 연령대(38세~43세)가 그 뒤를 잇고 있다. 38~43세 연령대는 개인주의 성향은 40대 중반보다 약하지만 복지에 대한 선호, 즉 진보적 가치관은 더 강해 보인다.

<그림 2>와 <그림 3>을 보면 2018년의 주52시간제 찬반 의견 여론조사, 2019년 최저임금 인상에 대한 의견에서 가장 '진보적' 성향을 보여주기도 한다. 30대와 40대가 20대보다도 최저인금 인상과 주 52시간제에 긍정적인 의견을 갖고 있다는 얘기다.

국내 최고의 여론조사 전문가인 정한울 한국리서치 전문위원은 2020년 총선 직후 필자와의 미팅에서 "현 시점에서 20대는 뭔가 이전 세대와 다르고 오히려 약간 60대와 가까운 성향도 나타나는데, 30대와 40대는 거의 동일한 세대처럼 행동하고 있다"고 말했다. 물론 연령대를 어떻게 쪼개느냐, 무엇을 조사하느냐에 따라 달라질 것이지만, 최소한 현 시점 30대 중·후반과 40대 X세대는 여러 면에서 묶이다는 건 확실해 보인다.

이들 세대는 각각 디지털 이민자와 디지털 원주민으로 디지털 세상을 접한 시점은 조금 다르지만, 거의 동시에 그 변화되는 세상, 디지털 환경에 안착했다. 같은 인터넷 공간에서

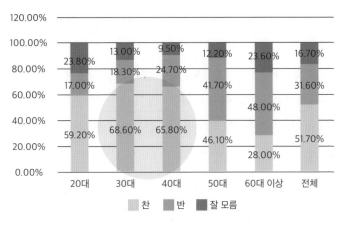

<그림 2> 주52시간제에 대한 찬반
(출처: 2018년 리얼미터 조사)

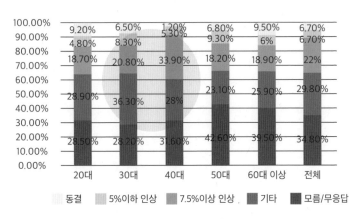

<그림 3> 최저임금 인상에 대한 의견
(출처: 2019년 리얼미터 조사)

우리가 싸우는 이유

형, 언니, 동생으로 지내며 함께 인터넷의 하위문화를 만들기도 했다.

X세대는 '자유와 개성'을 추구했던 최초의 개인주의세대이지만, 호황 직후 찾아온 IMF 외환위기로 인해 새 시대를 열지는 못했다.[16] 청소년기와 20대 청년 시절에 형성됐던 강력한 탈권위 의식과 저항 본능을 억누르고 '생존'을 위해 산업화세대/86세대의 논리에 적응하며 살았다는 뜻이다. 생존 본능이 자유와 개성을 추구하는 강력한 성향을 억누른 셈이다. 그럼에도 이들은 호황을 누려 봤고, 어쨌든 선진국 진입을 경험했기 때문에 미래에 대한 낙관적 시각도 여전히 갖고 있다. 이들 세대가 10대였던 1980년대 후반은 민주화도 이뤄지고, 해외여행도 자유화 됐으며, 전 국민의 68%가 스스로 중산층이라고 생각하고 있던 시절이었음을 생각해 보라.

X세대의 동생뻘인 밀레니얼세대, 특히 30대 중반 이상의 밀레니얼세대를 보면, IMF 극복 이후 경제는 다시 크게 성장하고 나라는 선진국이 되지만, 비정규직이 양산되고 양극화는 심해지면서 '각자도생'을 화두로 삼게 된다. 많은 것을 포기했다고 해서 'N포세대', 약 15년 전 비정규직 최저임금을

16　이 세대는 '가장 큰 영향을 준 역사적 사건'으로 유독 '1997년 외환위기'라고 답하는 비율(44%)이 타 세대에 비해 높다. 이와 관련한 내용은 LG경영연구원의 2021년 3월 공개 리포트 "40대, '86세대'의 후예인가, '밀레니얼세대'의 선조인가?"를 참고할 것.

의미하는 '88만원세대'로 불리기도 했다.

X세대와 30대 중반 이상 밀레니얼의 공통점을 살펴보자.

인터넷에서 무한한 표현의 자유를 누리며 개성을 표출했고, 그걸 중요한 가치로 삼았지만 막상 현실에서는 **생존**(X세대) 또는 **각자도생**(밀레니얼)해야 했다. 그런데 나라는 또 선진국에 진입해 버렸다. 다소 이율배반적인 현실을 맞닥뜨렸던 세대다. 그런 경험이 문화적 감수성과 현실 비판 의식을 자극한 것인지 대한민국의 최고 예능 PD 2인(김태호, 나영석), 최고의 영화감독(봉준호)을 비롯한 다수의 뛰어난 '월드 클래스' 문화예술인들이 이 나이대에 몰려 있기도 하다.

X세대는 현재 **산업화세대, 586세대보다 더한 70년대생 꼰대**라고 욕을 많이 먹고 있다. 이는 여전히 강력한 586과 도전적 MZ세대 사이에 중간관리자로 끼어 있는 그들이 처한 현실 때문이기도 하고, 생존자 편향 문제이기도 하다. '생존자 편향'이란, 이 X세대 사람들 중 '진짜 X세대적 성향'이 강했던 이들 다수가 사실 초기에 기존 조직에 적응을 못하고 많이 떠났다기에 '덜 X세대적인 사람들'이 조직에 많이 생존해 있다는 뜻이다. 이중 손재주와 예술적 감각이 있는 사람들은 목수가 되기도 하고, 자유로운 영혼을 가진 예술가나 요리사 등은 제주도로 이민을 감행하기도 했으며, 일부는 강원도에서 서퍼 비치를 만들기도 하고, 바리스타가 돼 곳곳에 커피 명소를

만들어내기도 했다. 원조 힙스터세대라고 부를 수도 있다. 이효리-이상순 부부가 보여주는 삶의 방식을 보면 이해가 좀 되기도 할 것이다. 이런저런 재주가 없이 공부 말고 할 줄 아는 게 없었던 이들은 수능을 다시 봐서 한의대를 가거나 로스쿨 등에 진학해 큰 욕심 없이 자신의 고향이나 자신이 좋아하는 지역에서 평생 직업으로서의 한의사나 변호사 일을 하며 소소한 행복을 누리고 있다.

조직에 남아 있는 '꼰대화된', 또는 '포기했던' X세대는 젊은 밀레니얼(Z세대에 가까운)세대가 조직으로 밀려들어 와 1년 만에 퇴사를 감행하고, 적극적으로 조직의 관행에 문제 제기하는 것을 보면서 다소 각성하기도 했다. 그들을 부러워하기도 하고 응원하기도 하면서 '우리는 저렇게 생각하면서도 실행을 못 했는데, 저 후배들은 진짜로 하는구나'라는 생각[17]을 하고 있다. 실제로 마음 한편에는 '신인류'로 불리던 그 자유로운 정신이 남아 있기도 했기 때문이다. 잘 생각해 보면, '저녁이 있는 삶'을 처음으로 부르짖은 것이 이 X세대였다.

트렌드 및 시장조사 기관인 마크로밀엠브레인의 2018년 4

---

17 <밀레니얼세대와 함께 일하는 법>의 저자인 세대 전문가 이은형 국민대 경영학부 교수가 세미나와 필자와의 인터뷰 등에서 밝힌 얘기다. 이와 관련된 내용은 '피렌체의 식탁' 1주년 심포지엄 자료집 <X세대에서 낀낀세대로…40대, 그들은 누구인가>(메디치미디어, 2019)를 참고할 것.

월 조사에 따르면, X세대는 불공정한 대우에 침묵하는 경향은 높은 것으로 나타나지만, 부당한 대우를 당했을 때 '이직 시도를 한다'고 답변하는 비율도 가장 높다. 즉, 기성 조직의 권위와 문화에 순응해 오기는 했지만, 조직에 대한 충성도가 생각보다 높지는 않고, 기회가 생기면 자신의 이익을 좇아 조직을 떠나는 방식으로 우회적 저항을 시도하고 있다.

'조직에 대한 충성 강요는 꼰대질인가?' 묻는 질문에 40대의 42.4%가 '그렇다'고 답했다. 이는 50대(31.2%)는 물론 30대(39.6%)보다 높은 비율이다.(참고로 20대는 50%가 '그렇다'고 답했다.) 현 40대가 마음 깊은 곳에 품고 있는 '탈권위의식'과 '개인주의 성향'을 짐작하게 해주는 결과다.

지금까지 산업화 세대와 586세대가 왜 의외로 궁합이 잘 맞는지, 왜 '현직 최강 꼰대 40대'와 나이든 밀레니얼인 30대 중·후반 이후 세대가 유사한 사고를 하는지 알아봤다.

이제부터는 지난 2~3년 간 우리 모두의 귀를 따갑게 했던 '문제적 세대 규정'인(문제적 세대가 아니라, 문제적인 세대 규정이다.) MZ세대에 대한 이야기를 하려고 한다. 각기 다른 코호트 효과로 나뉜 다섯 세대가 어떻게 '시대정신 효과'를 통해 세 개의 그룹으로 묶였는지도 정리해 보겠다.

밀레니얼세대에서 Z세대까지로
이어지는 **각자 알아서 헤쳐 모여**
노는 문화는 인터넷·모바일
인프라가 만들어줬고,

**각자 알아서 살아남고
성장하는 삶의 원칙은
신자유주의 지배 원리가
강요하다시피 했다.**

이렇게 형성된 사고방식과
행동 패턴은 밀레니얼에서
서서히 조짐이 나타나

젊은 밀레니얼세대로 갈수록,
Z세대가 될수록 더욱 강하게
나타난다.

　우리가 싸우는 이유

도대체 'MZ세대'란 무엇인가?

앞서 X세대와 (다소 나이가 있는) 30대 중·후반 이상의 밀레니얼 세대는 가치관, 정치, 사회/문화적 성향과 행태 등에서 다른 부분만큼이나 유사한 부분이 꽤 많이 존재한다고 설명했다. 그렇다고 해서 밀레니얼세대만의 특성, 코호트 효과가 없는 것은 아니다.

밀레니얼은 10대 성장기를 디지털화된 세상에서 보냈다. 1990년대 중·후반엔 PC보급이 본격화되고, 2000년대 초반엔 초고속 인터넷 인프라가 깔렸다. 90년대 초반에 태어난 밀레니얼세대(Z세대에 가까운)들은 휴대폰(이후 스마트폰)이 필수품이 된 시절에 10대 청소년 시절을 보냈다.

그리고 이들은 IMF 외환위기 이후의 한국에서 청소년기와 청년기를 지나게 된다. 외환위기 이후엔 신자유주의가 경제와 사회 전반의 지배적 원리로 자리 잡아, 이른바 '시장만능주의'가 강화되고 경쟁과 효율이 강조됐다. 이 시기에 청소년기와 청년기를 겪은 밀레니얼들은 '각자도생'의 원칙[18]을 가

---

18 2000년대 초반, 다양한 방식으로 대학에 입학할 수 있도록 수십 가지 이상의 전형과 준비 과정을 양산해 낸 7차교육과정이 입시지옥을 개선하겠다는 취지와는 달리 오히려 혼란을 만들어 밀레니얼세대와 Z세대의 '각자도생'적 사고에 영향을 줬다는 의견도 일리가 있다. 이와 관련한 내용은 김효정의 <MZ세대 사용설명서>(넥서스BIZ, 2022)의 26쪽 등을 참고할 것.

슴에 품게 된다.

이들은 유무선 인터넷에서는 취향대로 모였다가 흩어지는 놀이 문화(커뮤니티 활동), 오프라인에서는 '트레바리', '소셜살롱 문토' 등 다양한 플랫폼을 매개로 취미를 공유하는 느슨한 연결을 만들어 헤쳐 모이는 문화 향유 방식을 갖고 있다. 이들은 또한 스스로 자기 계발하고, 알아서 이직하며 커리어를 만들어가는 개인의 노력, 즉 **각자 알아서**라는 키워드가 삶을 관통한다. 이런 라이프스타일과 사고방식 등은 밀레니얼세대가 주도해 시작했지만 대부분 Z세대가 받아들였거나 계승했다. 또 어떤 부분은 Z세대만의 독특한 방식으로 강화됐다. 대표적으로, Z세대를 기반으로 익명성이나 휘발성이 강한 각종 음성채팅 플랫폼이 활성화됐다. 디스코드, 스푼라디오 등의 음성 기반 소셜 미디어는 Z세대가 열광한 서비스다. 또, Z세대들은 밀레니얼의 '각자도생'에서 더 나아가 능력주의를 맹신하는 경향을 보인다.

밀레니얼세대에서 Z세대까지로 이어지는 '각자 알아서 헤쳐 모여 노는 문화'는 인터넷·모바일 인프라가 만들어줬고, '각자 알아서 살아남고 성장하는 삶의 원칙'은 신자유주의 지배 원리가 강요하다시피 했다. 이렇게 형성된 사고방식과 행동 패턴은 밀레니얼에서 서서히 조짐이 나타나 젊은 밀레니얼세대로 갈수록, Z세대가 될수록 더욱 강하게 나타난다.

참고로 세대의 성향은 원래 이렇게 그라데이션(Gradation)처럼 나타난다. 필자는 2023년 현재 40대 중반인데, 초기의 X세대보다는 밀레니얼세대적 성향(?)도 좀 지니고 있다. 같은 밀레니얼세대라도 Z세대 나이대에 가까운 밀레니얼세대는 아무래도 Z세대적인 속성을 더 많이 보이게 된다.

밀레니얼세대는 젊어질수록(대략 30대 초·중반 이하), 즉 Z세대에 가까운 연령대일수록 좀 더 강한 '개인화 성향'을 드러낸다. '개인주의'는 '집단주의'에 대별되는 개념으로 개인의 권리와 선택이 집단보다 우선시되는 것을 의미하는 반면, '개인화'는 기술적으로, 사회 환경적으로 개인의 성향과 니즈가 더 세분화되고 맞춤형 재화가 공급되면서 나타나는 현상으로 볼 수 있다. Z세대에 가까운 젊은 밀레니얼과 Z세대는 스마트폰이 필수품이 된 세상에서 성장한 '모바일 네이티브'이고, 성장기에 '선진국 진입 이후의 대한민국'을 경험했다. 그래서 이전 세대들, 특히 586세대나 X세대와는 다른 사고와 행동 패턴을 보일 수밖에 없다.

이런 점 때문에 이른바 'MZ세대'라는 말이 나왔다. 10대 후반부터 20대 후반의 Z세대와 밀레니얼을 다소 거칠게 묶어 언론이 사용하는 단어다. 사실 엄밀하게 <표 1>에서의 일반적 세대 구분을 적용해 보면, 현 시점에서 2030세대를 거의 다 묶어내는(이제 40대도 포함되기 시작했다.) 개념이다 보니, 정작 밀레니얼과 Z세대의 차이에 대한 논의는 오히려 3~4년 전보다도 줄어든 상황이다.

앞서 밀레니얼세대와 Z세대를 각각 구분해서 설명하긴 했지만, 말이 나온 김에 그 차이점[19]을 더 상세히 살펴보자. 그나마 이런저런 책과 기사를 통해 익숙해진 밀레니얼세대에 대한 설명에서 시작하되, 우리에게는 좀 덜 익숙한 Z세대의 경험과 그로 인한 가치관 등을 중심으로 내용을 정리해 보겠다.

밀레니얼세대는 흔히 인류 역사상 첫 번째 **디지털 네이티브**로 불린다. 그런데 30대 중·후반 이상의 밀레니얼 다수는 디지털 세상에서 태어나진 않았다. 어린 시절 부모님을 따라 미국으로 이민 간 이민자 2세 정도가 정확한 비유일 것이다. 네이티브 수준의 영어를 구사하며 미국 문화도 금세 체득해 얼핏 보면 완전한 네이티브이지만, 부모님이 미국에서 낳은 자녀인 동생(Z세대)과 비교하면 완전한 미국인이라 보긴 어렵다는 뜻이다.

어쨌든 밀레니얼세대는 빠르게 디지털을 익혀 자연스럽게 활용할 수 있게 됐고, 디지털 네이티브라고 분류할 수도 있다. 그런데 태어날 때부터 세상이 디지털이었고, 성장기에는

19　밀레니얼세대와 Z세대의 공통점과 차이점 등에 대한 설명은 고승연의 <Z세대는 그런 게 아니고>(북저널리즘, 2020)와 2022년 2월 3주 차 2146호 <매경이코노미>의 기사 "10대-40대를 왜 묶어? 닮은 듯 다른 MZ세대"를 바탕으로 했다.

모든 것이 모바일 기반으로 바뀐 Z세대와는 약간의 차이가 있을 수밖에 없다. 밀레니얼세대는 '디지털 네이티브'이지만 PC와 랜선 인터넷 기반에서 출발한 이들이고 Z세대는 연결되기 위해서 굳이 책상에 앉아 PC를 켤 필요가 없었던, 이미 연결된 세상에서 성장한 **모바일 네이티브**라는 얘기다.

한편, Z세대에게 온라인·모바일 세계는 전혀 신기한 곳이 아니다. 메타버스니 뭐니 유난 떠는 것도 딱히 와 닿지 않는다. 그냥 평소 놀던 대로 잘 살고 있는 것일 뿐이다. 온라인과 오프라인을 특별히 구분하고 살지 않는다. 성장기 시절부터 카메라 달린 스마트폰을 들고 소셜미디어 활동을 해왔기 때문에, 거의 모든 일상을 습관처럼 찍어서 올린다. 'Z세대에게는 사진 찍히지 않은 건 존재하지 않았던 일'이라는 말이 있을 정도다. 그렇다 보니 오히려 지나치게 오픈된 공간은 부담스러울 수 있다. 그래서 광장형 소셜미디어(페이스북)보다는 익명성이 더 잘 보장되는 인스타그램을 더 선호한다. 사진과 영상 위주로 소통하지만 원하지 않으면 자신을 많이 드러내지 않아도 되고, 또 쉽게 부계정을 만들 수도 있기 때문이다.

Z세대는 태어나 자라던 세상 자체가 '연결된 세상'이라고 했는데, 이건 단순히 인터넷으로만 연결된 세상도 아니었다. 정치적, 경제적으로도 고도로 동조화된 세계였던 거다. 이들은 성장 과정에서 2008년 금융 위기와 2010년 유럽 재정 위

기를 맞닥뜨렸다. 두 사건은 위기가 발발했던 지역뿐 아니라 한국과 일본을 포함하는 동아시아 전체와 신흥국에도 영향을 끼쳤다. 2019년 내내 한국 경제는 물론 전 세계 경제를 어렵게 만들었던 미·중 무역전쟁과 그 이후 지속적인 갈등의 심화, 2020년 이후 팬데믹과 2022년 우크라이나 전쟁이 전 세계 공급망에 안겨준 충격과 인플레이션 모두 예전 같으면 시차를 두고 영향을 줬거나 때론 타 국가 또는 타 지역에 영향 자체가 미미할 수도 있는 일이었다. 하지만 이제는 그럴 수 없다.

이미 하나로 연결된 세계에서 유튜브와 각종 소셜 미디어를 통해 지구 곳곳에서 일어나는 사건을 실시간으로 보는 Z세대는 거의 세상 모든 곳의 일을 직간접적으로 경험한다. 이러한 직간접적인 경험은 밀레니얼세대에서부터 시작됐지만 성장기 시절부터 자연스럽게 이를 생활의 일부 또는 삶의 인프라로 마치 숨 쉬는 공기처럼 받아들인 건 Z세대다. 차이가 날 수밖에 없다.

또 한국의 밀레니얼과 Z세대의 성장 과정만 봐도 약간 구분되는 지점은 있다. 1980년대생이 주축인 밀레니얼세대는 외환위기 이후 양극화가 심화되는 세상에 살았지만 선배 세대인 X세대와 함께 대한민국이 위기를 돌파하고 결국 선진국 진입에 성공하는 것도 보기는 했다. 물론 X세대처럼 낙관주의가 강하지는 않다. 불평등과 기회의 부족은 계속 심화됐기 때문이다. 그런데 Z세대는 전 세계적 글로벌 금융위기를 성장기 때 목도하고 전 세계가 계속 저성장인 상황(선진국 기준)에서 성인이 됐다. 이미 선진국이 된 한국에서 자라다 보니, 선진국의 고질적 문제인 저성장과 양극화만 목도했다. 밀레니얼세대보다 뭔가 모를 냉소주의나 염세주의가 강한 이유다.

'MZ세대'라는 명명이 상당히 무리한 통칭이고 실제 세대 구분상 매우 어색한 건 부정할 수 없는 사실이지만, 밀레니얼세대와 Z세대가 갖는 공통의 성장 환경을 고려할 때, 이 두 세대를 관통하는 게 없지는 않다.

비슷하지만 버전이 살짝 다른(PC와 인터넷이냐, 스마트폰과 와이파이냐) 인프라와 환경 속에서 성장해 오면서, 또한 신자유주의가 주된 경제적, 사회적 규범으로 자리 잡은 이후의 한국을 살아오면서 갖게 된 유사한 가치관과 행동 패턴은 존재한다고 볼 수 있다.

이 책에서는 언론에서 흔히 사용하는 MZ세대라는 세대 규정이 주는 혼란스러움을 피하기 위해, MZ세대의 규정을 다시 하고자 한다. 문자 그대로 밀레니얼세대 전체와 Z세대 전체를 합친 세대로 보지 않고, Z세대 중에서는 본인의 소비 패턴이나 정치 참여 행태를 확인하기 어려운 10대를 제외하고 20대를 주로 들여다본다. 밀레니얼세대에서는(오히려 X세대와 비슷한) 30대 중·후반의 밀레니얼세대는 제외하고, Z세대와 유사한 속성을 공유하는 30대 초반 정도까지를 포함하고자 한다. 이렇게 되면, MZ세대란 2023년 현 시점에서 대략 1990년대생을 포괄하고 일부 2000년대 초반생이 포함된 20대와 30대 초반 정도의 청년 세대가 될 것이다. 실제 언론에서 'MZ세대'라고 하는 건 주로 이 나이대 청년들을 일컫는 말이기도 하다. 그리고 이제 이 MZ세대에게는 새로운 명명을 하고자 한다.

발전주의세대, 자유주의세대, 개인화세대

지금까지 <표 1>의 일반적인 코호트 기반 세대 구분, 즉 산업화세대, 586세대, X세대, 밀레니얼(Y)세대, Z세대의 공통 경험과 그로 인한 세대 특성을 설명한 뒤, 다른 축 즉 '시대정신' 효과라는 관점에서 같이 묶일 수 있는 세대 구분도 시도해 봤다.

첫 번째는 국가의 경제와 정치 발전이라는 목표이자 시대정신을 가슴에 품고 살았던, 집단주의적 성향의 산업화세대와 586세대였다. 앞으로 이들을 '발전주의세대'라 명명하고자 한다.

그다음 공통점이 묘하게 많을 수밖에 없는 X세대와 30대 중반 이후의 밀레니얼세대를 묶어 '자유주의세대'라고 명명하고자 한다. X세대가 부르짖던 '개성'은 밀레니얼세대가 '취향'이라는 말로 이어받았다. 두 세대의 탈권위의식과 평등에 대한 인식, 자유에 대한 관점은 매우 유사하다. 적극적 자유주의자, 미국식 리버럴(liberal)에 가까운 사고방식을 갖고 있다.

그리고 앞서, MZ세대를 20대와 30대 초반까지로 한정하는 연령대로 묶어 다시 규정하겠다고 했는데, 별도의 명칭은 '개인화세대'로 하겠다. 극도의 취향 중시 마인드, '대세'가 존재하지도 않고, 있다고 해서 그걸 따르지도 않는 성향, '~주의(ism)'조차 어색한 개인 중심의 맞춤형 소비와 모임을 하는 특성을 토대로 명명한 것이다.

코호트 효과를 기반으로 나눈 5개 세대를 '동시대 효과'로 다시 3개 세대로 묶는 것이, 한국 사회의 세대 간 세대 내 갈등의 강도가 타 국가에 비해 좀 더 크게 나타날 수밖에 없는 이유를 이해하도록 도와줄 것이다.

물론 지금 전 세계적으로도 세대, 계층, 인종 등 다양한 갈등이 증폭되는 상황이기는 하다. 저성장 기조가 나타난 지 오래이고, 영원할 것 같았던 자유무역 체제와 글로벌 공급망이 흔들리고 있으며, 선진국을 중심으로 온라인 커뮤니티 활동이 활발해진 상황에서 가짜뉴스가 기승을 부리는데다, 기후위기도 심화되고 있는 까닭이다.

그런데 한국에선 유독 더 심하게 충돌이 일어나는 듯한 느낌이 있다. 총기소유가 허가되지 않은 국가라 극단적인 물리적 폭력으로 나타나지 않을 뿐, 이념, 지역, 세대, 젠더, 계층, 각종 성향별로 서로 '혐오'를 쏟아내는 갈등[20]은 상당히 강하게 나타나고 있다.

이는 한국의 언론이 입버릇처럼 떠들어대는 '갈등과 분열을 조장하는 정치권' 때문만도 아니고, 일부 근엄한 좌파 학자들이 말하듯 '너무도 살기 어려워서 을과 을의 싸움으로만 세상이 치닫고 있고, 기득권이 이를 조장하기 때문'만도 아니며, 더 근엄하신 보수 학자들이 주장하듯 '법이 무너지고 질서가 무너지고 서열과 규율이 무너졌기 때문'은 절대로 아니다.

그저 코호트 효과 기반의 5개 세대가 세대 갈등을 벌이기 때문만이 아니라, **한국에서 살고 있는 3개의 큰 세대 집단이 사실은 사는 시대가 다르기 때문이다.** 즉, '다른 시대'를 살고 있는 세 세대가 그 안에서도 취향과 성향에 따라 갈라져 이미 각자의 생각을 강화하고 있다는 얘기다. 책의 서두에서 '공정'이라는 단어를 통해 설명했듯, 사용하는 언어조차 미묘하게 달라졌다. 그런데 여전히 휴전선 이남 한반도라는 온·오프라

---

20 "사회갈등지수 4년 새 거의 2배…대한민국은 '갈등공화국'", 동아일보 2022년 4월 11일자 보도 https://www.donga.com/news/Society/article/all/20220411/112792594/1

인의 공간에서 부대끼며 살고 있기 때문에 갈등과 분열이 심화되고 있다는 의미다.

그럼 '다른 시대를 산다'는 건 도대체 무슨 뜻일까? 왜 이런 일이 벌어지게 된 걸까? 이건 한국적 특수성을 좀 볼 필요가 있다. 바로 초고속 성장, 즉 **압축성장의 후유증** 같은 것이다.

250년의 변화를 70년에 겪은 '기적'

'다른 시대를 산다'는 말의 의미를 좀 더 자세히 들여다보자. 지금 한 사회에서 부대끼면서 살고 있는 20대에서 60대 이상의 연령대가 세 개의 서로 다른 시대를 살게 된 배경엔 한국의 특수성이 있다. 이는 짧은 시간 동안 경제 발전을 이루다 보니 생긴 후유증이기도 하다.

잘 생각해 보면 한국은 1923년에는 온전한 근대국가도 아니었다. 일제 강점기였고 주권도 없었다. 1923년보다 20년만 거슬러 올라가면 그냥 망해가는 '조선'이라는 왕조국가였다. 그랬던 나라가 여러 노력과 상황으로 인해 광복을 맞이하게 됐고, 곧이어 터진 한국전쟁으로 2차 대전 이후 탄생한 신생 독립국 중 가장 가난한 나라에 속하게 된다. 이렇게 말도 안 되게 가난한 후진국에서 출발한 나라가 70여 년 만에 산업화

와 민주화라는 근대화의 중요한 프로젝트를 완수하고 다시
말도 안 되게도 경제력이나 군사력 그리고 문화적 역량에서
G10에 들어가는 선진국이 되었다. 서구 선진국들이 적어도
250년은 걸렸던 과정을 70여 년 만에 다 해결해 버린 건 '기
적'이라 할 만하다. 아무리 후발 국가의 이점이 있었다고 해
도 말이다.

사정이 이렇다 보니 현재 한반도 휴전선 이남의 땅에는 가
장 가난했던 산업화 이전 시대에 태어나 스스로 산업화를 이
뤄낸, 그리고 권위주의 군사정부 시절에 태어나 점점 더 강화
되는 독재를 뚫고 민주화를 이뤄낸, 즉 서구 기준으로 전근
대의 시간에서 태어나 근대로 넘어온 세대(발전주의세대)가 존
재한다. 또 바로 그 다음 세대에 산업화/민주화의 시대에 태
어나 청소년기에 그 열매인 풍요와 자유를 처음 누리면서 우
여곡절 끝에 선진국 진입을 지켜본 집단(자유주의세대)이 있다.
더 놀랍게는 성장기 때 이미 선진국 대열에 들어섰으나 오히
려 그 고질병인 저성장과 양극화를 지켜보면서 '각자도생'과
'능력주의'를 내걸고 인터넷에서 쪼개져버린 세대(개인화세대)
도 있다.

정리해 보면, 이 세 세대는 각각 '전근대 및 근대화', '근대
화 성공 및 선진국 진입', '선진국 진입 이후 저성장과 양극화'
를 겪었다. 서구 선진국에서는 도저히 동일한 시대에 존재할

수 없는 세대였다. 이걸 한마디로 정리하면 **비동시성의 동시성**이다. 물론 이 개념은 이미 존재하는 아주 유명한 정치학계, 역사학계의 용어다.

비동시성의 동시성

'비동시성의 동시성'이란 동시대, 동시기에 존재하기 어려운 것들이 특수한 사정에 의해 함께 존재하고 있는 상황을 나타내는 표현이다. 바이마르 공화국 시대의 독일 역사철학자인 에른스트 블로흐(Ernst Bloch)가 개발한 정치, 철학, 문화의 개념으로 그가 살던 그 시대 독일의 정치, 철학, 문화의 특징적 양상을 묘사하고자 만든 표현이다.

바이마르 공화국 시대는 19세기 독일을 통일한 비스마르크가 빌헬름 황제와 함께 '(위로부터의) 권위주의적 근대화'[21]를 이뤄낸 상황이었다. 그런데 프랑스를 중심으로 당시 유럽에 등장하기 시작한 '자유민주주의', '시민민주주의' 원칙에 기반한 '바이마르 헌법'이 만들어지기는 했지만, 여전히 전근대적

---

21 시민들이 자발적으로 이뤄낸 근대화가 아닌, 정부나 왕조 등에 의해 진행된 근대화를 의미한다.

인 문화, 의식, 정치구조가 남아 있었다. 또 '국가사회주의(나치즘)'라는 '미래지향적 전체주의'가 태동 중이었다. 문화적으로는 아방가르드, 현실주의, 초현실주의, 다다이즘과 같은 포스트 모던(탈근대주의)[22]에 가까운 문화·예술 사조도 유행했다. 비동시성의 동시성은 바이마르 공화국 시절 독일에 상이한 역사적 시간(권위주의, 민주주의, 전체주의, 탈근대주의)이 동시적으로 공존하고 있다는 걸 표현하기 위해 나온 개념이다.

이러한 개념으로 한국 근대 정치의 역사를 관통시키는 임혁백 고려대 명예교수는 후발 산업 국가이면서 선진국 진입에 성공한 첨단기술 강국인 대한민국이 바로 **전근대, 근대, 탈근대**라는 비동시적인 역사의 시간이 동시적으로 공존하고 있는 특징을 지니고 있다고 분석한다.

"필자는 '긴 20세기'에 전근대, 근대, 탈근대의 시간이 동시적으로 나타나는 비동시성의 동시성의 원인은 압축적 후발 산업화였다고 보았다. 후발 산업화를 압축적으로 달성하려는 조바심, 속도전, 역사단계의 단축이 전근대를 온존(溫存)시킨 채 근대에 들어가고, 근대를 완성하지 못한 채 탈근대에 들어가는 비동시성

---

22   규칙, 권위, 규율, 통제 등 근대적인 합리성으로 여겨지는 요소를 탈피하려는 경향을 말한다.

현상을 만들어냈다는 것이다.”

임혁백, <비동시성의 동시성>, p.26

좀 더 쉽게 예를 들어보자.

현재 대한민국 땅에 함께 사는 사람 중 70대 이상의 어르신들은 '자식을 안 갖는 것'은 물론 '결혼 안 하려는 풍조' 자체가 '말세'라고 생각한다. 전근대적인 '남아 선호'도 남아 있다.

50대와 60대, 즉 발전주의세대는 '저출생 현상'을 엄청나게 걱정하면서 '국가 발전이 이대로 끝나는 것 아닌가' 우려를 한다.

자유주의 세대인 30대 중반 이후부터 40대까지의 사람들은 함께 걱정하기는 하지만 개인의 자유로운 선택을 막을 방법은 없고 이민이든 출산 유도든 결혼 장려든 국가적 정책이 필요하다고 생각한다.

반면 20~30대인 개인화세대는,
('연령 효과'를 감안할 필요는 있지만)
기본적으로 '그게 나랑 무슨 상관이냐'는
생각이 더 강할 것이다.

50대 이상에서 70대 정도 사이의 세대 다수는 근대화 중심의 사고, 즉 발전주의적 사고로 세상을 본다. 중간 세대는 근대 이후의 '자유주의 선진국형 사고'를 갖고 있다. 그보다 어린 개인화 세대는 더 쪼개진 개인의 취향과 선택 이외에는 큰 가치를 부여하지 않는, 다소 탈근대적인 21세기 선진국형 사고를 한다. 이런 셋이 뒤엉킨 채 같은 조직, 같은 회사, 같은 학교 등에서 어울려 살아가는 상황이다.

물론 개개인들도 머릿속에는 약간의 비동시성의 동시성이 존재할 수 있다. 아무리 성장기와 청년기 때의 경험이 중요하다고 해도 이미 현재의 상황을 경험한 이상 586세대나 산업화세대도 완전히 과거 방식대로만 사고할 수는 없기 때문이다. 이처럼 개인별로도 어느 정도 충돌이 있겠지만, 기본적으로는 '동시대 효과'를 기반으로 한 세대를 가로지르며 나타난다고 보는 게 맞을 것이다.

앞서 5개 세대를 '동시대 효과'를 기준으로 3개 세대로 다시 묶은 것은, 아니 별다른 불편 없이 묶을 수 있었던 것은 한국 사회가 가진 이러한 '비동시성의 동시성' 덕분이었다. 이 개념을 알고 필자가 지금까지 한 '세대 3분류법'을 적용하면 극심한 갈등이 더 잘 이해가 될 것이다. 물론 세대 내 분열이 가속화되고 있기 때문에 이것이 전부는 아니다. 다만 횡단면이 아닌 종단면, 시간의 축 개념으로는 '동시대인인지 아닌지', '같은 시대정신을 공유하는지 아닌지'가 나름의 중요한 설명 변수가 된다는 얘기다.

요새 한국 사회에서 심각하다고 하는 젠더 갈등도 마찬가지다. '여자는 땅이고 남자는 하늘'이라며 '교육 몰빵'의 수혜를 받은 50대, 60대 남성과 그들을 어린 시절부터 서포트하는 것이 당연했던 누이들이 여전히 살아가는 세상에, 처음으로 '배꼽티'를 입은 채 거리를 활보하고 남녀공학 대학에서 슬슬 30~50%의 비율을 차지하는 대학생이 된, 그럼에도 불구하고 IMF 외환위기에 '성차별'로 인한 취업 좌절이나 해고, 이후 여성에 대한 우선적 비정규직화 등을 겪었던 30대 중반 이후의 여성과 이를 미안해하던 남성들이 함께 살고 있다.

그뿐만이 아니다. 10대부터 양성평등 교육을 받아왔으나 인터넷 커뮤니티의 남녀 간 혐오 문화와 갈등이 서서히 부상해 극심해지는, 그리고 어느 쪽에도 기회가 많지 않기에 서로를 차별 또는 역차별이라며 억울해하는 시기를 살아온 청년 세대도 함께 살고 있다. 그러니 현재 20대의 젠더 갈등이 심하다고 해서 60대가 던지는 젠더 갈등에 대한 화두, 40대가 던지는 젠더 갈등 해법이 적절할 리도, 먹힐 리도 없다.

더 구체적이고 현실적인 상황 하나를 묘사해 보자.

최근 30대 후반에서 40대 초반 남성 인문학 박사들, 특히 '미국 명문대 유학'을 갈 필요가 없었기에 서로 완전히 동등한 조건에서 경쟁하는 국문학 전공 등 남성 박사들은 사실상 역차별에 놓여 있다. 남성이라는 이유 때문에 임용이 어렵다. 남성만 공부하던 시대의 사람들이 정년이 긴 대학 교수 특성상 여전히 대학에 많이 남아 있는데, 이미 세상은 변해서 여성 교수를 반드시 임용해야 하는 시대가 됐기 때문이다. 자신들이 벌써 그만두긴 싫으니(그만둘 수는 없으니) 신임 교수는 기왕이면 여성으로 뽑는다. 교육부의 예산 배정에 의존적인 한국 대학은 어쩔 수 없다. 여성 교수 비율을 남성과 비슷하게 맞추는 건 다양성 확보를 통한 학문의 발전을 위해서도, 전반적인 한국 사회의 정의를 위해서도 매우 좋은 일이다. 그런데 누군가에게는 피해가 발생할 수도 있는 일이 된 것이다.

만약, 공부는 남자만 하던 시대를 지나 서서히 여권이 신장되고, 대학이 자발적으로 또는 규제나 압박에 의해서 조금씩 변화해 왔다면, 즉 서구처럼 250여 년에 걸쳐 이 문제가 풀려 왔다면 이건 크게 문제가 되지 않을 일이었다. 1960년대에 남성 위주의 대학 교수직에 대한 문제 제기는 서구 선진국에서는 강하게 이뤄져왔고, 수십 년에 거쳐 변화해 왔다. 오직 남성으로만 구성돼 있던 대학 교수 비율은 내외부적 압력에 의해 서서히 바뀌었다. 그러나 한국은 특유의 압축적인 성장으로 원래는 동시대에 존재할 수 없는 요소들이 그대로 다 존재하게 됐고, 그 과정에서 만들어지는 충돌이 큰 갈등과 분열을 낳고 있다.

대학교수 임용 사례 하나를 들었지만, 우리 곳곳에서 벌어지는 극심한 갈등의 상당 부분은 바로 이러한 비동시적인 것들이 동시적으로 존재하고, 우리가 지나치게 압축 성장을 빠르게 잘해 오다 보니 생긴 문제가 많다.

인프라처럼 깔린 갈등 증폭기

책의 서두에서 '무엇이 공정이냐'에 대한 세대별 인식, 그 어휘의 의미에 대한 인식도 미묘하게 다르다는 걸 설명했는데, 그런 것도 바로 비동시성의 동시성과 연관돼 있다. 단순한 '세대 차이'로 인한 '세대 갈등'이 아니라 '시대 갈등'이 기본으로 깔려 있고 여기에 진짜 세대 갈등, 성향 충돌, 계층 갈등이 뒤섞여 들어오며 갈등과 분열은 더 증폭되는 것이다.

즉, 한국 사회는 비동시성의 동시성이라는 갈등 증폭기 하나가 인프라처럼 깔려 있는 셈이다. 그래서 국가, 사회는 물론 학교, 기업 등 여러 조직마다 세대 갈등과 '시대 충돌'이 동시에 일어나고 있다

언론이 떠들면 그게 세상의 변화이자 여론일 줄 착각하는 50~60대 임원이('신문의 세계'에 사는 그들은 여전히 열심히 종이 신문을 본다.) 'MZ세대는 특이하다'고 생각하고 '그들이 회사와 로열티 갖게 할 새로운 방법을 찾아라'라고 주문하는 게 대표적인 시대 충돌이다. '회사와의 관계는 계약을 맺고 일을 해주는 것'이라는 근대 이후의 개인화된 세계의 사고방식을 갖고 있는 이들에게 한국의 근대화를 이끈 발전주의와 집단주의의 핵심 단어인 '충성심'을 들이대는 것 자체가 맞지 않는다는 것이다. 이런 방향으로는 열심히 고민하고 대책을 세워도 갈등이 더 커진다. 그 이른바 MZ세대 직원은 회사를 미련 없이 떠나게 된다.

지금까지는 기존의 코호트 기반 세대 분류를 점검하고, 동시대 효과를 통해 재분류를 시도하는 등 주로 시간의 축에 따라 한국 사회의 구성원들이 어떻게 나눠져 있는지, 어떻게 다른지 알아봤다. 자연스레 세대 간 갈등, 시대 충돌에 대한 이야기가 많았다.

다음 장부터는 좀 더 횡단적인 측면, 즉 같은 세대라도 각

자 성별, 취향, 성향, 이념 등에 따라 어떻게 더 분열되는지, 이러한 분열과 갈등의 원인과 혐오로의 증폭 원인은 무엇인지 알아보도록 하겠다.

조직 리더들을 위한 제언 1
개인화 세대와 함께 일하는 법

30대 초반의 젊은 밀레니얼세대와 20대 Z세대에게 세상은 태어날 때부터 연결돼 있었다. 부모의 손에 항상 휴대폰이나 스마트폰이 들려 있는 것을 보면서 자랐다. 이들 세대는 자라면서 친구들과 놀 때 학교나 학원 숙제를 할 때도 언제나 노트북 컴퓨터, 스마트폰, 태블릿PC 등을 다양하게 활용했다. 스마트 디바이스, 모바일 기기는 이들에게 장난감이자 학습 도구였으며 온라인 쇼핑몰인 동시에 쇼핑 카트였고 은행이었다.

Z세대에게 세상은 단 한 번도 '오프(off)' 된 적이 없었다. 나이가 좀 있는 30대 중반 이상의 밀레니얼세대만 해도 성장기에 인터넷에 무엇인가를 검색하기 위해서는 랜선이 연결된 PC 앞에 앉아야만 했지만, Z세대는 손에 든 휴대폰과 태블릿이 언제나 '온라인' 상태였고 언제든 궁금한 것을 찾아보고 문제를 해결해 왔다. 실제로 글로벌 최대 동영상 플랫폼인 유튜브에서 사람들이 검색을 위해 가장 많이 입력하는 단어나 문구 최상위권에 항상 'How to~'(영미권), '~하는 법'(한국)이 자리 잡고 있다. 이들 세대에게 스마트폰·모바일 디바이스는 도서관이고 사전이

며 뇌의 연장이었다. 이들을 스마트폰을 신체의 일부처럼 사용하는 인류, 즉 '포노사피엔스'라고 불러도 무리가 없는 이유다.

이처럼 '포노사피엔스'로 자라온 이들은 현재 어떻게 살고 있을까? 어떤 방식으로 사회적 관계를 맺고 있을까? 이들을 관통하는 특성을 한마디로 무엇이라 규정할 수 있을까?

현재 20대 주축인 Z세대에 일부 젊은 밀레니얼세대 즉, 30대 초반까지의 세대를 관통하는 특성은 바로 '개인화'다. 필자는 본문에서 이미 그들을 '개인화세대'라고 명명한 바 있다. 이들은 앞서 설명했듯, 성장기 때부터 스마트폰을 들고 연결된 세상을 살았고, 언제 어디서든 자신만의 취향, 세분화된 취향에 맞는 제품과 서비스를 구매해 왔다. 콘텐츠도 자신의 취향을 아는 플랫폼 기업 AI의 도움을 받아 소비해 왔다. 항상 '나'와 '나의 취향'이 중심에 있을 수밖에 없었다. 그래도 됐기 때문이고, 그게 가능했기 때문이다.

사람과의 관계도 마찬가지였다. 내 취향과 선택에 따라 소셜미디어에서 관계맺음을 해왔고, 오프라인 모임조차 취향과 취미 위주로 모여 때로는 실명을 밝히지 않은 채 활동한 뒤 자연스럽게 흩어졌다. 최근 인기를 끄는 독서,

취미활동 모임이 다 그렇게 돌아가고 있다. 이렇게 개인화된 세대가 기성세대처럼 조직을 중심에 놓고 사고하는 것에 익숙할 리 없다. 바로 이 지점에서 기성 조직원들과의 큰 충돌이 발생한다는 얘기다.

맥락 이해력이 부족하지만 무능한 건 아니다

성장과정에서 스마트폰과 각종 모바일 디바이스를 뇌의 일부이자 연장으로 활용해 온 이들 세대에게는 기성세대, 기성 조직원들이 이해하기 어려운 부분, 심지어 '무능한 것 아닌가'라는 의심이 생길 수밖에 없는 부분이 존재한다.

어떤 정보든, 어떤 지식이든 곧바로 빠르게 검색해 알아낼 수 있는 그 놀라운 능력과 그러한 능력을 형성해 준 성장 과정 및 학습 환경은 각각의 정보와 지식이 연결되는 방식, 즉 텍스트(text)와 텍스트를 연결하는 맥락(context)에 대한 이해력을 기성세대보다 약하게 만들었다. 기성세대는 도서관에서 자료를 찾으며 '서지 사항'을 적고 각 책의 참고문헌을 뒤져가며 내가 찾는 정보와 지식이 어떤 지식의 연결망, 정보의 맥락 내에 존재하는지 자연스레 깨우칠 수 있었다. 정보와 지식의 검색이 지금처럼 용이하지 않았던 만큼 부족한 데이터를 갖고 인과관계를 고민했으며, 깊게 생각했다. 검색이 쉽지 않던 시대에는 사색이 중요할 수밖에 없었다는 얘기다.

그런데 세상의 모든 정보가 인터넷에 있고 늘 그 정보에 접근할 수 있는 환경에서 자랐으며, 그중에서 꽤 유용한 정보와 지식을 골라낼 수 있는 능력을 갖추게 된 세대에게 지식과 정보의 계보를 그려가는 과정은 생각보다 쉽지 않다. 이런 약점은 업무에서도 고스란히 드러난다. 특정 주제를 오랜 시간 분석하고 일의 맥락을 이해하고 의미를 파악하는 데 서투르다. 조직에서 꼭 필요한 일이지만 눈에 띄는 성과가 금세 보이지 않는 직무도 기피한다. 또한 주로 텍스트와 이모티콘으로 채팅을 통해 소통해 오고 음성통화, 대화, 면대면 소통에 익숙지 않다 보니 상대방의 표정과 목소리 톤으로 상황을 파악하는 것도 어려워한다.

최근 하버드대 등 미국의 명문대학교들이 교양 수업으로 '표정 읽기'를 가르치기 시작했다. 타인과 대면 소통이 적은 탓에 표정을 봐도 맥락과 상황을 잘 파악 못하는 학생이 많아서 생긴 강좌다.

그렇다고 이들이 진정 무능한 것은 아니다. 다른 측면에 강점이 있을 뿐이다. 이들이 가진 놀라운 정보 검색력과 유용한 지식의 빠른 취득력을 활용하고자 한다면, 예전에는 '맥락상 다 이해했겠지'라고 생각했던 부분을 차근차근 설명해 주고, 새로운 지식과 정보를 가져올 때는 오히려 적극적으로 수용할 필요가 있다. 그게 바로 모바일 네이티브, 포노사피엔스라는 신인류를 제대로 활용하는 법이다.

'충성심'이라는 단어는 버려라

조직의 기성세대가 '개인화세대'와 함께 일하기 시작하면서 겪게 되는 또 다른 곤란함 중 하나는 시도 때도 없이 발생하는 이들 세대의 '이직'과 '퇴사'다. 필자가 강연에서 많이 받는 질문 하나를 보자.

"그들이 뭘 원하는지 공부하고 소통도 많이 한 뒤 원하는 제도와 혜택, 복지를 많이 만들었어요. 그런데도 당최 회사에 대한 충성도가 올라가지 않습니다. 여전히 많이 퇴사합니다. 어떻게 해야 하나요?"

인사 담당자의 어려움이 절절하게 느껴지는 질문이다.

충분히 이해도 된다. '입사한 지 3년쯤 돼서 일을 좀 한다 싶으니 퇴사하는 밀레니얼 직원'은 5~6년 전부터 한국 기업의 큰 고민거리였다. 당시 여러 경제단체와 구인구직 플랫폼 기업 조사를 보면 3년 이내 퇴사자 비율 평균이 30%에 육박하는 것으로 나오기도 했다. 그런데 그 뒤를 이은 Z세대는 1년 내 퇴사 비율도 높아 기업 인사 담당자는 물론 리더들까지 골머리를 앓고 있는 게 사실이다.

이러한 고민의 해법 역시 '개인화세대'의 특성을 이해해야만 도출이 가능하다. 본인이 선택한 자기중심의 느슨한 연결과 관계맺음을 해온 이들 세대에게 '조직에의 충성'이란 개념 자체는 낯설 수밖에 없다. 어쩌면 "회사에 대한 충성도가 올라가지 않는다"는 말에 문제의 원인이 숨어 있을 수 있다. 단지 이들 세대가 원하는 몇 가지 제도를 만든 뒤 예전과 같은 방식의 '조직에 대한 충성'을 기대하는 것이 무리라는 뜻이다.

개인화세대에 맞게 **맞춤형 계약**을 만들어야 한다. 이들은 회사와 '충성 서약'이 아니라 '고용 계약'을 맺는다. 따라서 개인화 세대에 맞게 직무 특성과 성향을 고려한 '맞춤형 계약', '개인화된 고용 계약'을 맺는 방식으로 발상을 바꿔야 한다. 재택근무를 선호하고, 자율근무제를 선호하는 이도 많지만 정해진 시간에 어딘가로 출근하는 행위 자체를 좋아하는 이도 있다. 회사에서 사람들과 어울리는 것을 즐기는 사람도 있고 아닌 사람도 있다. 성향에 따라 활동 여부를 선택할 수 있게 하면 된다. 물론 비용이 든다. 그런데 지금처럼 오랜 시간 교육한 뒤 갑자기 나가버려 새로운 사람을 다시 뽑아 교육해야 하는 비용보다 훨씬 적을 것이다.

직무급제 도입 등 큰 틀에서의 규제개혁이 함께 이뤄져야 할 사안이기에, 정치권과 규제당국의 관심과 노력이 필요한 부분이지만, 공채가 점차 사라지는 시대, 수시채용 방식으로 변화하는 지금, 이런 발상의 전환은 기업에서부터 시작돼야 한다.

가르치고 싶다면, 먼저 귀를 열고 들어라

이제 이들 세대의 특성도 알았고, 이들과 어떻게 소통해야 할지 어떻게 이들을 활용하고 함께 일해야 할지 감이 잡힐 것이다. 그럼에도 기성 조직원들 특히 한 조직에서 10년, 20년 넘게 일해 이미 관리자 또는 임원의 자리에 오른 사람들은 오늘도 고민한다. 뭔가 제대로 일을 가르쳐주고 싶은데, '꼰대'라고 욕먹는 건 아닐까 하는 걱정이 앞선다.

20년 전에도, 50년 전에도 심지어 수백 년 전에도 분명 나이 지긋한 조직의 리더들, 관리자들은 '나 때는 말이야'라는 말로 시작해 과거를 회상하고, 자신의 경험과 깨달음을 전수하려 했을 거다. 나쁜 의도로 시작하지도 않았을 것이고, 많은 경우 후배들에게, 청년들에게 도움도 됐을 것이다. 그런데 지금은 이렇게 말하면 '라떼'('나 때는 말이야'라는 표현을 비튼 'Latte is a horse'에서 유래) 라는 조롱이 들려온다.

왜 그럴까? 이 역시 Z세대, 개인화 세대의 성장 과정, 특성과 연결돼 있다. "내가 자네 연차였을 때에는 세상이 어땠고, 나는 어떤 성과를 냈다"고 말하는 순간 지금의 포노사피엔스들은 곧바로 검색에 돌입한다. 정확하게 그때 내가 속한 이 조직이 어떤 상황이었고 그때 해당 연차의 직원들은, 심지어 그 말을 하고 있는 사람은 어떤 일을 했는지도 생각보다 쉽게 찾을 수 있다. 20년 전 까마득한 과거를 회상한다고 해봤자 현 시점에서는 2003년이다. 그때는 이미 초고속 인터넷이 전국에 깔린 이후이고, 포털 사이트의 카페와 온갖 인터넷 커뮤니티 및 게시판이 활성화된 시기였으며 모든 뉴스가 인터넷으로 서비스되기 시작한 이후였다. 구글링하거나 포털에서 뉴스 검색을 하면 생각보다 많은 정보와 기록이 그대로 남아 있다. 나의 20년 전에 대한 기억보다 훨씬 정확한 정보가 쉽게 나타나는 상황에서 인간이기에 어쩔 수 없이 붙는 '과거 미화'까지 곁들인 자기중심적 기억에 신뢰가 갈 리 없다. 필자가 언론에 몸담고 있던 시절에도 거의 25년 전의 자신을 회상하며 '나는 특종기사가 아니면 죽는 줄 알았다'고 후배들을 다그치던 선배 기자(데스크)의 말을 듣고 젊은 기자들이 '옛날 신문보기'를 검색해 사실은 그가 상당히 시시한 기사만 썼다는 사실을 바로 밝혀내는 일도 있었다.

여기에서 우리는 다시 한 가지 의문을 제기할 수 있다. 그렇다면 조직의 리더, 관리자들, 선배들은 입을 다물어야 한다는 말인가? 내가 경험을 쌓으면서 깨달은 많은 지혜와 통찰은 전달할 필요가 없다는 말인가?

물론 그렇지 않다. 한 조직에 오래 있었든, 여러 조직을 경험했든 지금까지 살아남아 리더의 위치에 있다면 그 사람은 나름의 체계적 지식, 글과 말로는 설명할 수 없는 암묵지, 그리고 지혜와 통찰을 갖고 있을 확률이 높다. 모든 기록이 남아 있고 모두가 쉽게 그 기록과 정보, 그리고 지식에 접근할 수 있는 시대에는 오히려 다른 무엇보다 경험과 사유를 통해 깨달은 지혜를 전달하는 게 중요하다.

이를 실행하는 방법은 생각보다 간단하다. 먼저 듣는

것이다. 조직의 젊은 직원이, 아직 경험이 부족한 구성원과 동료가 무엇인가를 열심히 제안하고 말하면 일단 잘적으면서 듣는 것이다. 그리고 그 제안자가 생각하지 못한 부분, 놓치고 있는 부분, 또는 살짝만 다르게 생각하면더 훌륭한 제안이 될 수 있는 부분을 제안에 대한 감사와칭찬과 함께 알려주고 조언해 주는 것이다. 그게 바로 쉽게 검색해서는 접근할 수 없는, 인터넷에 기록이 남아 있지 않은 **통찰**이다. 자신의 제안을, 또는 비판적인 문제 제기를 차분히 다 들어준 뒤에 깨달음의 한마디를 주는 사람에게 그 누구도 '꼰대'라고 하지 않는다.

지난 몇 년간 거의 모든 조직들은 'MZ세대 눈치보기'가 아니냐 할 정도로 그 세대를 연구하고 이해하고자 애써왔다. 어쨌든 이른바 MZ 열풍 덕분에 필자는 많은 기고와 강연의 기회를 얻을 수 있었는데, 강연 말미에는 언제나 다음과 같은 말로 마무리를 지었다.

"우리는 늘 새로운 세대를 '신인류', '별종'이라고 느끼고분석하고 때로는 고개를 젓지만, 어느 시대에나 새로운 세대는 '싸가지 없다', '별나다', '특이하다'라는 말을 들었다.우리는 어쩌면 그저 시대의 변화를 받아들이기 어려울 때,잘 이해가 되지 않을 때 이걸 그냥 '세대 차이'나 '세대 갈등'

으로 덮어씌워 온 것일지도 모른다."

개인화세대, 즉 Z세대와 후기 밀레니얼세대(30대 초·중반)를 기성세대가 이해하기에 쉽지 않은 건 사실이다. 그럼에도 불구하고 그들 세대는 점점 조직으로 밀려들고 있고 점점 더 중요한 일을 많이 하게 될 것이다. 함께 일할 동료를 '해결해야 할 문제'로 인식하는 우를 범해서는 안 된다. 결국은 함께 목표를 완수하고 함께 성과를 내야할 사람들일 뿐이다.

젠더 갈등
게임 세계관 vs. 공감형 세계관

세대는 이 세상의 갈등과 문제를 모두 설명할 수 있는 변수가 절대 아니다. 대충 비슷한 연령대에 묶여 있고, 유사한 경험을 통해 동 세대로 여겨진다 하더라도 각자 처한 사회·경제적 지위나 교육 수준과 배경 등에 따라 상당히 다른 성향을 보일 수 있다.

그럼에도 불구하고, 대체적으로 세대는 특정 연령대의 정치 행태나 사고방식, 가치관 등을 집합적으로 설명하는 나름의 힘을 갖고 있다. 특히 한국에서는 '코호트 효과'에 '동시대 효과'가 중첩되면서 이념적, 문화적으로도 유사성을 도출해 내기 좋은 변수로 활용돼 왔다.

하지만, 같은 세대에 속한다 하더라도 주로 활동하는 커뮤니티의 성향에 따라, 주로 사용하는 소셜미디어 플랫폼, '소셜 네트워크 연결망'의 종류와 상황에 따라, 즉 주로 어떤 이들과 교류하고 어떤 뉴스를 함께 소비하는지 등에 따라 이념적, 정서적으로 분열되고 서로를 미워하는 일이 벌어지기도 한다.

이번 장에서는 다른 무엇보다 **젠더 문제**를 중심으로 세계관 충돌에 가깝게 극심한 세대 내 갈등을 겪고 있는 '개인화 세대', 즉 20대와 30대 초반까지의 소위 **MZ세대 내의 갈등**을 중점적으로 설명해 보고자 한다.

이들 세대 내부에서의 갈등이 지속적으로 강화되는 과정이 우리가 세대 문제 다음으로 중요하게 다루게 될, **서로 다른 소셜 미디어, 커뮤니티 생활 기반에 따른 분열의 심화** 문제, 즉 알고리즘이 만들어내는 '미디어 필터버블과 커뮤니티 에코챔버' 효과의 문제를 가장 극적으로 보여주기 때문이다.

20대 대선 성별·연령별 출구조사 결과

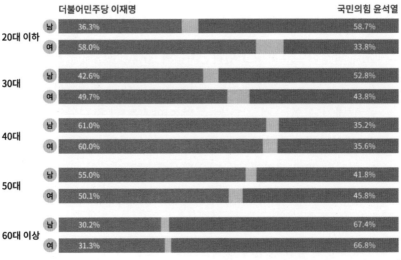

자료: KBS, MBC, SBS (신뢰수준 95%, 표본오차 ± 0.8%P)

<그림 4> 20대 대선 성별·연령별 출구조사 결과

성별 변수의 등장

누군가에게는 다소 생소하거나 어려울 수 있는 '필터버블'과 '에코챔버'라는 개념에 대한 설명은 잠시만 뒤로 미루고, 실제 '개인화세대' 내부에서의 가치관 또는 사고방식 차이가 얼마나 큰지, 실제 정치·사회적 영향은 어떠한지부터 먼저 알아보자.

일단 지금까지는 한국의 전국 단위 선거에서 '출신 지역/거주 지역'과 같은 지역 변수, '세대와 이념'이라는 변수 외에 '성별'이 투표 행태를 결정짓는 변수가 된 적은 한 번도 없었다. '20대 남성이 보수화되고 있다', '지금의 20대는 십 수 년 전의 20대와는 다른 성향을 보인다', '여성과 남성이 그 세대에서는 좀 달라지고 있는 것 같다'는 등의 이야기는 많이 나왔었지만, 데이터로 완전히 검증된 적은 없었다. 그런데 2022년 3월에 치러진 20대 대선에서는 '개인화세대' 내부에서의 젠더 간 성향 차이가 극명하게 드러났다.

<그림 4>의 대선 방송 3사 출구조사 결과 20대와 그 이하 세대에서 윤석열 당선자(현 대통령)에 투표한 사람 중 남성은 58.7%, 여성은 33.8%였던 반면, 현 야당 대표인 이재명 당시 후보에게 투표한 이들 중 남성은 36.3%, 여성은 58% 였다. '성별'이 대한민국 선거에서 처음으로 유의미한 변수가 된 것이다.

이와 관련해 마크로밀엠브레인에서 대선을 앞두고 자체적으로 실시한 조사 결과도 매우 흥미로운데, 당시 20대 남성의 58.4%는 '이번 대선에서는 꼭 정권이 바뀔 필요가 있다'고 답변했으나, 20대 여성은 36%만이 '그렇다'고 답했다. 실제 투표와 거의 일치하는 답변 비율이다.

필자가 '개인화세대'에 30대 초반을 포함시키고 있으니, 30

대도 한번 들여다보도록 하겠다. 격차가 매우 줄어들기는 하나 이재명 당시 후보에게는 여성들이 더 많이 투표하고 윤석열 당시 후보에게는 남성이 더 많이 투표한 것으로 나타난다. 30대 중·후반에서는 전통적인 '세대 투표'가 나타났을 가능성이 있지만 30대 전체를 묶어보면 어느 정도 '성별의 유의성'은 드러난 셈이다. 그 외의 모든 세대에서는 사실상 성별에 따른 지지 성향 구분은 유의하게 나타나지 않고 있다.

그럼 투표권이 있는 만 18세부터 30대 초·중반까지 연령대를 묶고 다시 성별로 나눠 분석해 보면 어떨까?

2022년 6월 한국정치학회가 여론조사 전문기관 리서치앤리서치와 함께 진행한 "양극화에 대한 일반국민 인식 조사" 데이터를 직접 분석해 봤다. 분석 결과, 만 18세에서 34세 남성의 51.1%는 지난 대선에서 윤석열 후보에게 투표했고, 28.5%만이 이재명 후보에게, 투표한 것으로 나타났다. 같은 연령대의 여성 48.2%가 이재명 후보에게, 29.8%가 윤석열 후보에게 투표한 결과와 크게 대비되는 결과다.

페미니즘 온도 차이

20대 남성과 20대 여성에 대해 2019년과 2021년 심층적인 설문조사[23]를 실시한 결과에 따르면, 이들 세대에서 젠더 문제에 대한 입장, 특히 '페미니즘'에 대한 입장은 이념 성향, 세계관, 가치관 등을 가르는 기준이 된다. 이 조사 결과들을 보면, 20대 남성의 약 25%는 '남성이 사회적 약자, 또는 마이너리티'라고 생각하며 강력한 '안티 페미니즘' 성향을 갖고 있다. 20대 여성에 대한 조사 결과를 보면 41.7%의 여성이 자신을 페미니스트라고 생각하고 있었다. 페미니즘에 대한 감정을 측정하는 감정 온도 조사 결과를 보면 20대 여성이 페미니즘에 대해 느끼는 감정 온도는 53.3도로, 전체 평균인 32.1도에 비해서 20도 이상 높았고, 20대 남성의 감정 온도 14.3도와 비교하면 39도나 높았다.[24]

국승민 미국 오클라호마대 정치학과 교수는 "여성들, 특히

23　시사주간지 <시사인>에서는 2019년과 2021년에 각각 '20대 남자'와 '20대 여자'를 다룬 기획 기사를 내보냈다. 여론조사 전문가, 정치학자 등과 함께한 이 기획에서는 각각 약 240개의 문항에 대한 응답자의 답변과 그에 대한 해석이 실렸고, 기사가 나간 이후 모두 단행본으로 엮어 출간됐다. 2019년 20대 남성에 대한 기사를 모아 나온 책이 천관율과 정한울의 <20대 남자: '남성 마이너리티' 자의식의 탄생>(시사인북, 2019)이며, 20대 여성에 대한 내용을 묶어 출판된 것이 국승민, 김다은, 김은지, 정한울의 <20대 여자>(시사인북, 2022)다.
24　감정 온도가 높을수록 페미니즘에 대한 호감도가 큰 것이다.

'페미니즘 성향'이 강한 여성들이 소수자 차별에 반대하고, 적극적으로 연대하고자 하는 등 강한 진보성을 띄는 반면, 남성들 특히 '안티 페미니즘 성향'이 강한 남성들은 무임승차를 혐오하고 소수자에게도 연대 의식을 보이지 않는 등 보수적인 성향을 드러내는 게 확인됐다"고 말한다. 최소한 20대 남녀 사이에서는 젠더 갈등이 중요한 갈등 축이고, 그 바탕에는 페미니즘을 둘러싼 감정 온도 차이가 존재하며, 이는 다른 정치, 경제, 사회적 가치관과 투표 행태에도 영향을 준다는 것이다.

한 사회에서 특정 연령대의 사람들이 페미니즘과 같은 특정 이슈를 놓고 크게 대립하는 것 그 자체가 문제는 아니다. 해당 세대에게 여러 문제가 응축돼 젠더 갈등으로 나타나고 있다면 바로 그 지점에서부터 다양한 논의를 풀어나가는 건 생산적인 일일 수 있다.

그런데 문제는 **개인화세대 내부의 젠더 갈등**이 전혀 생산적인 방향으로 논의가 이어지지 않고 있으며, 해를 거듭할수록 상대에 대한 혐오만 키우고 있다는 것이다. 물론 20대와 30대 초반 연령대의 (주로) 남녀 사이에서 나타나는 젠더 갈등만 이런 것도 아니다. 60대 중반 이상의 보수적 유권자들과 30대 중·후반부터 50대 초반까지 포진한 자유주의적, 진보적 유권자들 사이에서 대체적으로 극명하게 갈리는 정당 지지 성향과 그에 기반한 상호 배타적·혐오적 언사들도 마찬가지지만, 세대 차이가 존재할 수 없는 '동 세대 내 갈등과 혐오'가 갈수록 증폭되고 있다는 점에서 젠더 갈등과 **페미니즘을 두고 벌이는 혐오 게임**은 좀 더 특이한 면이 있다.

세대 간 갈등, 이념적, 정서적 갈등, 그리고 젠더 문제를 둘러싼 이러한 갈등의 심화는 결국, 앞서 잠깐 언급했던 '커뮤니티 에코챔버'와 '미디어 필터버블' 문제와 연관된 것으로 보인다.

필터버블과 선택적 노출

먼저 필터버블과 선택적 노출을 알아보자. 필터버블이란 미디어 이용자의 관심사에 맞춰 필터링된 인터넷 정보만 제공받아 비슷한 성향의 이용자들이 각각 자신의 취향과 성향에 맞게 **개별화된 버블 안에 갇히는 현상**이다. 구글, 페이스북, 애플, 마이크로소프트와 같은 거대 인터넷 플랫폼 기업들은 이용자들의 검색과 활동 정보를 모아 알고리즘을 통해 해당 이용자의 구미에 맞는 정치, 제품, 서비스 정보와 광고를 노출시키면서 '개인 맞춤형 정보의 바다'를 만들어낸다. 이 맞춤형 정보의 바다에서는 이전에 클릭했던 것에 의해 다음에 봐야 하는 것이 결정되는 상황[25]이 전개된다. 이러한 필터버블은 **확증 편향**을 증폭하게 한다. 확증 편향이란 자신의 신념과 일치하는 증거는 받아들이고 반대되는 의견이나 증거는 배척하는 심리적 상태에 따라 나타나는 것으로 자신의 의견과 논리에 상충하는 정보를 접할 때 심리적으로 불안해지는 현상, 즉 '인지 부조화'를 극복하려 하면서 주로 발생한다. 이 과정에서 뉴스 수용자가 자신의 성향이나 의견에 부합하거나 일치하는 내용만을 받아들이고, **반대되거나 불일치하는 정보와 뉴스는 배제하거나 회피하는 행위**가 일어나는데, 이를 '선택적 노출'이라고 한다. 즉, 내가 듣고 싶은 뉴스, 보고 싶은 정보만 의식적/무의식적으로 받아들이면서 기존의 생각을 수정할 기회를 놓치고 점점 확신만 강해진다는 것이다.

에코챔버

이와 유사하면서도, 커뮤니티 내 활동과 더 긴밀하게 연결된 개념이 바로 '에코챔버(반향실) 효과'다. 인터넷 커뮤니티와 소

25　Pariser, Eli. 2011. <The Filter Bubble>을 이현숙과 이정태가 번역한 <생각 조종자들: 당신의 의사결정을 설계하는 위험한 집단>(알키, 2011)을 참고할 것.

셜 미디어에서 자신과 유사한 생각을 가진 사람들하고만 모여서 소통하면서 **편향된 사고를 갖는 현상**인데, 인공적으로 메아리를 만들어내는 반향실에서 말을 하면 메아리가 돼 자신에게 소리가 돌아오는 것에 착안해 명명됐다.

그럼 이러한 필터버블과, 에코챔버 효과는 세대 내 젠더 갈등, 세대 내 분열과 혐오와는 어떤 관계가 있을까? 앞서 '개인화 세대'의 주축인 Z세대는 **포노사피엔스**라고 규정한 바 있다. 전 세계(선진국 기준) Z세대는 대부분 초등학교 시절부터 모바일 디바이스를 들고 자료를 검색하고 숙제를 했다. '역사상 일탈이 가장 적은 10대'라는 이야기를 들으며 자신의 방에서 와이파이에 연결된 상태로 온갖 유흥을 즐기며 놀던 세대이기도 하다. '항상 연결된 세상'에서 온·오프라인 구분 없는 삶을 살았고, 스마트폰·모바일 디바이스를 늘 '뇌의 연장'이자 보조 기억 장치로 여기며 살아왔다. 스마트폰은 그 자체로 쇼핑을 하는 장바구니이기도, 음악 재생 매체이기도, 영상 기기이기도 했다. 세상과 접속하는 창이기도 했다. 당연히 모든 것이 알고리즘에 따라 분류되고 상당 부분 '개인화' 된다.

이 과정에서 각자 취향과 선호에 따라 커뮤니티 활동을 하고 소셜 미디어에서의 관계맺음도 하게 되는데, 한국에서는 젠더에 따라 다른 성격의 커뮤니티 활동도 많아지면서 '남초', '여초' 사이트 활동에 따라 정보에 대한 선택적 노출과 에코챔버 효과를 경험하게 된다.

이와 관련해, 구자준 문화평론가는 2019년 2월 청년모임 '진보너머'가 주최한 토론회에서 다음과 같이 설명한다.

"입맛에 맞는 것들을 보며 마음의 평화를 찾는 대가로 인식에 대한 교정이나 확장은 포기한다. 공론의 장으로 나와 자신의 생각을 이야기하고 비판하고 설득하기보다는, 듣기 싫은 말과 보기 싫은 것들은 타임라인 밖으로 밀어내고 자신만의 높은 성을 짓는다. 성 밖에서 무슨 일이 벌어지는지는 알고 싶지도 않고 관심도 없다. 폐쇄적인 타임라인 안에서, 각자의 주장은 자가발전하며 더욱 공고해진다. 발달한 매체가 소통을 원활히 해주기보다는 소통을 거부한 상태로 특정한 성향만 강화하는 결과를 낳는다."[26]

젠더 갈등 놀이

<MZ세대 사용설명서>[27]의 저자 김효정은 이와 관련해 여러 조사 결과를 토대로 "이들 세대는 디지털 세계를 통해 외

---

26 박원익, 조윤호의 <공정하지 않다>(지와인, 2019) 216쪽에서 219쪽 사이 재인용.
27 관련 내용은 이 서적 257쪽부터 275쪽을 참고할 것.

부 집단에 대한 선입견과 오해, 잘못된 고정관념을 키웠다"
며 "많은 정보에 노출이 되어 있고, 가짜뉴스 판별력도 약하
며 이러한 정보에 의해 부정적인 영향을 받아 더 극단화되고
있다"고 진단한다. 이어 이렇게 각자의 커뮤니티와 소셜미디
어 플랫폼에 갇혀 선택적 노출이 강화되고 있는 이들 세대에
게 '페미니즘'과 '안티 페미니즘'에 기반한 젠더 갈등은 일종
의 '놀이 문화'가 됐다고 설명한다.

다수 온라인 커뮤니티에서 주류 유저로 활동하는 남성 유
저들이, 특히 MZ세대(필자는 이미 이보다 '개인화세대'라는 명명
이 더 적절하다고 계속 강조해온 바 있다.) 남성 유저들이 소통의 도
구로 반 페미니즘 정서를 이용한다는 것이다. 여성혐오를 포
함한 반 페미니즘 정서가 커뮤니티의 결집력을 높이고 밈
(meme)을 만들어내는 재료가 된다는 얘기다.

유사한 일은 '여초' 커뮤니티에서도 벌어진다.

박원익 등은 "젠더 갈등으로 청년 세대가 갈라지면서 인터
넷에서 흔히 볼 수 있는 풍경이 있다. 서로가 싫어하는 커뮤
니티에서 '빻은 발언'을 캡처해 올리는 현상"이라며 "예컨대
남초 커뮤니티에는 '여초 카페 수준'이라는 글이 자주 올라온
다. (중략) 여초 커뮤니티에도 '남초 커뮤니티 수준'이라는 글

이 자주 올라온다"고 설명한다.[28] 인터넷과 소셜미디어의 발달이 '대(大)조리돌림'의 시대를 열었다는 것이다.

이렇게 서로의 에코챔버에서 '놀이 문화'가 된 젠더 갈등은 단순한 놀이에서 그치지 않고 상대를 향한 혐오의 원료가 되고 있다. 온라인상에서 철저히 '분리'돼 있기에 소통은 요원한 일이 된다. 이렇게 세대 안의 갈등은 강화된다. 이러한 메커니즘은 사실 다른 세대 안에서 벌어지는 이념·정당 지지 성향에 따른 분열과 갈등, 세대 간 갈등에서도 갈등과 분열을 심화시키는 요인으로 유사하게 작동하고 있기도 하다.

내가 더 억울하다

현재 한국의 개인화세대 남녀는 '성범죄의 위협'에 대한 인식 정도는 물론 '구조적 성차별의 존재 여부'에 대한 인식 등 젠더 문제에 대한 의견 차이가 큰 편이다. 서로의 에코챔버 안에서만 소통하다 보니 각자의 사정만을 더 강조하고, 서로의 억울함만을 강변한다.

우리 사회에 여전히 남아 있는 남녀 격차 문제를 살펴보자.

---

28 <공정하지 않다> 222쪽 참고.

2017년 OECD가 중위권 노동소득을 기준으로 측정한 '성별 임금 격차'에 따르면 우리나라 성별 임금 격차는 34.6%로 OECD 회원국 중에서 가장 높다. 이는 임금 격차를 초래하는 요인 중에 노동시간, 근속연수, 직종 등 여러 변수를 감안하더라도 여전히 높은 수치다.[29] 2021년 여성가족부가 실시한 성별임금격차 조사 결과에 따르면 전자공시시스템에 2020년 사업보고서를 제출한 상장기업에 근무 중인 여성이 남성에 비해 평균 연 3000만 원 정도 적게 받는 것으로 나타났다.

그런데 20대 남성을 보면 또 나름의 어려움도 느껴진다. 2017년 기준 20대 남성의 임금은 20대 여성의 97% 수준이다. 군복무 등으로 사회진출이 늦어지는 상황이 영향을 미치고 있는 것이다. 20대 여성이 상대적으로 고용률도 더 높다. 2018년 3분기 20대 남성 고용률은 56.5%, 20대 여성 고용률은 60.1%였다. 개인화세대 남성들은 전에 없이 많은 경쟁자를 앞에 두고 있다. 동 세대 여성은 물론 이주민까지도 일자리를 두고 경쟁한다. 1990년대 상반기에는 4년제 대학을 졸

---

29 한국의 페미니즘 논쟁, 젠더 갈등을 둘러싼 논의가 제대로 풀리지 않는 이유는 페미니즘 진영이든 안티 페미니즘 진영이든 제멋대로 통계를 갖다 쓰기 때문이다. 예를 들어, 성별 임금 격차가 나타났다면 여기에서 여성의 비정규직 비율은 얼마인지, 특히 50대 이상의 청소 노동자 비율은 어떻게 산정된 것인지 등을 따져봐야 하며, 문제의 본질이 불안정 노동에 성차별이 더해진 것인지 아니면 단순한 성별 임금 격차인지 등을 따져봐야 한다.

업한 남성의 84%가 정규직에 취업했으나 2008년 이후에는 이 수치가 50% 중반이 됐고, 10년 넘게 점점 악화만 되고 있다.[30]

예전처럼 남자라서 유리한 게 거의 없어 보이는 상황에서, '군복무'라는 의무를 남자만 한다는 피해의식까지 겹쳐지니 이들의 반발은 더 거세진다. 그리고 각자의 커뮤니티와 소셜 미디어에서 분리돼 살아가다 보니, 그리고 젠더 갈등은 일종의 소통을 위한 놀이로 '밈'화 되다 보니 점점 다른 전반적인 가치관에서도 남녀 간 차이가 발생한다.

<20대 여자>를 쓴 국승민 교수 등에 따르면, 지금 20대 남성, 30대 초반 남성까지를 포함하는 개인화세대 남성들은 '능력주의'를 신봉하고 '무임승차'를 혐오한다. 당연히 소수자에 대한 공감대나 연대의식도 약한 편이다. 국가 개입을 최소화하는 자유시장경제에 대한 믿음은 상당히 강하다. 동 세대 여

---

30   <MZ세대 사용설명서> 263쪽 참고.

성은 무임승차가 발생하더라도 약자를 보호할 수 있는 시스템이 잘 작동하는 게 더 중요하다고 믿고, 소수자에 대한 공감대 형성도 잘하는 편이다. 차별을 적극적으로 시정하는 국가 개입에 매우 강하게 찬성한다. 처음에는 '젠더 문제'를 놓고 갈라진 것 같은데 어느덧 사회의 지배 원리, 정치적 성향과 가치관, 투표 행태에도 영향을 미치는 상황이 됐다.

시장 및 여론조사 기관인 마크로밀엠브레인 연구자들이 출간한 트렌드 서적에도 이와 관련된 내용과 조사 결과가 실려 있다.[31] 이 책에서 저자 최인수 등은 "20대 남성과 여성이 가장 두드러지게 달라지는 가치관은 '운'에 대한 태도에 있었다"며 "여성들은 '일할 기회' 자체에도 운이 크게 작용한다고 생각한다"는 조사결과를 제시했다. 모든 성과, 결과가 '실력'으로만 귀결되는 것은 잘못됐다고 생각한다는 뜻이다. 이 책에서는 또 "20대 남성들의 경우, 시험을 통한 점수와 성적만이 객관적이고 공정한 평가라고 보는 경향이 여성들에 비해 좀 더 강했고, 이렇게 능력이 검증된 사람만이 성공해야 한다는 믿음이 좀 더 강했다"고 밝히고 있다. 이어 "20대 남성들은 여성들에 비해, 평가의 우선순위를 '형평성'보다는 '개인의

---

31   최인수, 윤덕환, 채선애, 이진아의 <2023 트렌드 모니터>(시크릿하우스, 2022)

능력'에 좀 더 두고 있었다"고 덧붙였다.[32] 마크로밀엠브레인 연구팀 역시 <20대 여자> 저자들이 발견한 20대 남녀 성향 차이와 유사한 부분을 발견했는데, 20대 여성들은 어떤 문제적 사건이 일어나면 그 사건의 상황적 맥락과 배경에 대해 20대 남성보다 더 큰 관심을 보인다는 것이다. 2022년 하반기부터 지속되고 있는 장애인 단체 지하철 시위를 두고, 20대 남성 2명 중 1명은 출근 시간을 택해서 하는 시위 자체에 대해 이해할 수 없다는 반응을 보였지만, 여성은 26.6%만이 이해할 수 없다고 반응했으며, 72.6%의 여성은 그 배경에 관심이 있다고 밝혔다는 것이다.

이 연구팀은 마지막으로 '남녀 모두가 억울한 감정'에 대한 조사 결과를 내놓으면서 "20대 남녀 각각은 한국사회의 차별이 자신을 향한다고 느끼고 있다"고 결론 내린다. 20대 여성의 67.8%(남성은 23.6%)는 '한국사회는 여전히 여성에 대해 차별하고 있다'는 말에 동의했고, 20대 남성의 58.8%(20대 여성 20.4%)가 '나는 한국사회가 남성들에 대해 역차별하고 있다고 생각한다'는 말에 동의했다.

---

32 같은 책, 38쪽 참고.

게임 세계관

무엇이 먼저였는지 선후관계나 인과관계를 확인하기 어렵지만, 지금의 20대(+30대 초반) 남성들의 사고방식을 지배하는 것은 '게임 세계관'으로 보인다.[33] 그들의 성장기를 지배했던 게임은 'LoL(리그 오브 레전드)'이고, 그 외에도 수많은 온라인 RPG 게임의 영향을 받았다. 동 세대에서 가장 많이 공유되는 밈과 용어, 세계관은 이러한 게임과 밀접하게 연결돼 있다. 대부분의 '간접 경험'은 게임과 게임에 영향을 받은 여러 웹툰에 의해 이뤄지고 있다.

게임 세계관의 핵심은 **실력주의**, 승급 과정에서 필요한 **공정한 게임의 룰**, 명백하게 존재하는 **티어에 대한 인정**이다. 이는 그대로 현실 세계를 바라보는 시선으로 이어진다. 서울대나 연고대는 단순한 수능점수 배치표 상위권 대학이 아니라 말 그대로 '인생의 학력 티어 상위 등급'을 의미한다. 이 과정에서 기울인 각자의 노력은 정당하게 평가받아야 하고 누군가 소수자라는 이유로 특별한 무기를 손에 쥐거나 혜택을

---

33 필자는 게임이라는 미디어가 이들의 지배적 미디어이자 주로 소비하는 문화 상품이 되면서, 이들 세대 남성이 크게 영향을 받았다고 여기지만, 이경혁 게임칼럼니스트 등 다른 전문가들은 '미디어는 현실의 반영할 뿐 그 자체로 사고를 주조할 수 없다'는 의견을 갖고 있다. 진실은 두 주장의 어느 가운데쯤이라고 생각된다.

받아서는 안 된다. 사실 '아무 걱정 없이 노력만 할 수 있는 상황'도 일종의 특혜일 수 있다는 맥락은 자연스레 지워진다. 적극적 차별 시정 정책은 '무임승차'와 같은 말이다. 용납될 수 없다. 앞서 20대 남성들이 시험을 통한 점수와 성적만이 객관적이고 공정한 평가라고 보는 경향이 여성들에 비해 좀 더 강하다는 분석 결과를 제시한 바 있는데, 모두 일맥상통하는 얘기다.

한편, 이들(20대 남성)은 한국 사회 현실이라는 '게임'에서 (서버)관리자라고 할 수 있는 즉, 정치인에 대한 반감과 요구사항은 크지만 게임 자체를 만든 사람(한국 사회의 경제 구조를 만들어낸 재벌)에 대한 불만은 크지 않은 편이다. 어차피 자본주의 시장경제, 무한 경쟁 시스템이 '유일한 게임'이라고 받아들여진 상태이기 때문일지도 모른다.

이러면 지금의 '수시 입학' 제도에 대한 반감도 이해가 된다. 수많은 교육 전문가, 대학 교수들에 따르면 수시 전형으로 뽑히는 학생들의 성실도나 학업성취도가 더 우수하다고 하지만, 복잡한 게임의 룰보다는 성적으로 승부를 내는 정시 제도의 단순함이 게임 세계관 내에서는 훨씬 공정해 보인다. 누구에게도 (눈에 보이는) 추가적인 혜택이 없기 때문이다.

이러한 게임 세계관은 이들 세대와 호흡하는 여러 웹툰에 의해 확대, 재생산되고 있다. <나 혼자만 레벨업> 등 게임 세계관이 그대로 투영된 웹툰이 엄청나게 많이 쏟아진다. 게임을 여러 번 반복하는 사람이 돼 유리한 조건을 갖게 되는 '회귀물'(게임이나 현실에서 이미 모든 걸 다 경험한 주인공이 처음으로 돌아가는 방식의 스토리) 주인공의 '사이다'는 현실 속 피곤한 '레벨업' 과정을 잊게 해주는 스트레스 해소제가 된다. 본래는 주로 무협물이나 게임을 배경으로 한 회귀물이 많았으나 최근에는 <재벌집 막내아들>, <상남자> 등 웹소설 기반의 현실과 연결된 회귀 판타지물도 인기를 얻고 있는 추세다.

소수자, 또는 '불리함을 보정받기 위해 일종의 혜택을 입는 사람들'은 자연스레 이 세계관에서 게임의 원활한 진행을 방해하는 '트롤'[34]이 된다. 물론 무슨 음모론처럼 이 세대 모든 남성이 '게임적 세계관의 지배'를 받아 세뇌되고 이상해졌다는 말이 아니다. 그저 그들의 성장 과정에서, 그리고 여전히 하나의 중요한 문화로서 향유되는 미디어이자 문학인 게임이 21세기 각자도생의 한국을 사는 이들과 상호작용하면서 만들어진 상황일 수 있다.

---

34 게임을 못하거나, 상식 밖의 플레이를 해서 다른 유저들에게 방해가 되는 사람을 말하는 신조어

공감형 세계관

그렇다면 개인화 세대의 여성들은 어떨까? 이들이 세상을 바라보는 시각은 '공감형 세계관'이라고 설명할 수 있다. 모두가 '이대남'에 관심을 갖던 시기인 2021년, 시사주간지 <시사인>은 '이대녀 현상'을 다루었다. 그리고 240개에 육박하는 문항으로 구성된 설문조사를 전문 기관에서 진행한 결과가 기사와 책으로 나왔다. 앞서 언급한 다른 조사결과에서도 드러난 바 있지만, 20대 여성은 다른 어떤 세대, 어떤 성별보다 '소수자 차별 금지'에 적극적이며 '무임승차가 발생하더라도 소수자 보호 정책은 강하게 추진되어야 한다'고 믿는다. 이들 중 40% 이상은 상당히 강한 페미니즘 성향을 갖고 있으며, 여성을 무조건 '사회적 약자'라고까지는 생각하지 않아도 '차별이 존재한다'고 느끼고 있다.

이들은 여러 측면에서 동 세대 다수 남성들과 크게 다른 사고방식과 가치관을 갖고 있지만, 특히 가장 민감하고 위협을 느끼는 '성범죄 위협'과 관련해서는 엄청난 시각 차이를 보여준다.[35] '한국 여자들이 느끼는 성범죄 두려움이 어느 정도라고 생각하는가'라는 질문에 20대 여성의 41.6%가 '매우 크다'

---

35   <20대 여자> 82~86쪽을 참고.

라고 답한 반면, 20대 남성의 9.2% 만이 '매우 크다'라고 답했다. 연령과 성별을 불문한 전체 응답자의 '매우 크다' 답변 평균이 23%인 걸 감안하면, 그 인식의 격차가 느껴진다.

개인화세대 내부의 여성들 주류, 이른바 '이대녀'들은 이러한 차별과 위협에 대한 인식을 공유하고 서로 공감하는 방식으로 문제를 풀어나가고 있다. 흥미로운 점은 페미니즘에 우호적인 '이대녀'일수록, 반대로 안티 페미니즘에 경도된 '이대남'일수록 한국사회에 대한 '신뢰도'는 낮다는 점이다. '이대남'은 이 불신을 각자도생을 위한 '능력주의'에 대한 믿음으로 풀어냈고, '이대녀'는 이 불신을 공감대 확보와 적극적 차별 시정 노력에 대한 지지로 풀어낸 것이다. 이대녀의 이러한 사고방식과 활동의 중심에는 온라인 커뮤니티가 있다.

공론장이 아니라 유희의 장이 된 커뮤니티

사실 이들 세대는 모두 '온라인 커뮤니티'에 익숙한 게 사실이지만, 기성세대의 흔한 오해와 달리 이들의 커뮤니티는 '공론장'이 아니다. 완벽한 '유희의 장'이다. 전부 다 그런 건 아니지만, 남성들은 주로 게임, 스포츠 등 자신들이 즐기는 대상이나 또는 이슈별로 모이고, 여성들은 사람을 대상으로 한

'덕질'을 위해 주로 모여 있다.

<MZ세대 사용설명서>[36]의 저자인 김효정은 "MZ세대 여성은 누군가의 팬이 된다는 것이 자연스러운 환경에서 자라났다. 이들이 청소년기를 보내던 1990년대 중반에서 2000년대는 한국 대중문화가 폭발적으로 성장하던 시기였다"며 "아이돌 문화가 자리 잡았고, 한류라는 말이 처음 생겨났다. 이 당시부터 이 세대 여성은 누군가의 팬이 되어 끊임없이 팬덤에 속하는 일이 자연스러워졌다"고 설명한다. '생애 과정으로서의 팬질'은 장르를 가리지 않고 이뤄진다.

이 과정에서 커뮤니티는 혼자서는 얻기 힘든 정보를 가져다주고 콘텐츠에 대한 감상을 나누며 때로는 함께 '덕질', '팬질'하는 친구들을 만들어줬다. 일상생활에 관해서도 털어놓을 수 있는 공간이 되면서 단순히 정보 공유가 아닌 '일상 공유'의 공간으로 바뀌었다는 뜻이다. 이러한 커뮤니티가 활성화되고 유지되려면 당연히 각자 공유하는 일상에 대한 공감이 필요하다. 이것이 개인화세대 여성들이 공유하는 공감형 세계관의 핵심이다.

실제로 20대 여성은 '인간관계'에 관한 관심이 크고, 인간관계에 대한 관심은 평소 가까운 주변사람들과의 대화 빈도

---

36 158쪽부터 160쪽까지 참고.

를 증가시킨다는 게 마크로밀엠브레인 연구진들의 분석이었
다.[37] '공감'과 '관계 지향, 관계 중시'가 다양하게 구조화된 설
문조사 결과로 드러났다.

---

[37] 관련 내용과 통계는 <2023 트렌드 모니터>의 44~45쪽을 참고할 것.

사실 이들 세대는 모두
'온라인 커뮤니티'에
익숙한 게 사실이지만,
기성세대의 흔한 오해와 달리
이들의 커뮤니티는
'공론장'이 아니다.
완벽한 '유희의 장'이다.

전부 다 그런 건 아니지만,

남성들은 주로 게임, 스포츠
등 자신들이 즐기는 대상이나
이슈별로 모이고,

여성들은 주로
사람을 대상으로 한
'덕질'을 위해 모여 있다.

　　우리가 싸우는 이유

조직 리더들을 위한 제언 2
이대남·이대녀와 소통하는 법

코로나 팬데믹이 본격적으로 시작되기 전, 필자가 <Z세대는 그런 게 아니고>라는 책을 쓰기 전인 2019년 말, 전방의 군부대로부터 강연 요청이 온 적이 있다.

필자는 2019년 봄에 당시 경영전문지의 기자이자 연구자로서 인터뷰와 스터디를 통해 'GEN Z'라는 제목의 스페셜 리포트를 기획했고, 여러 전문가들과의 협업을 통해 소기의 성과를 냈다. 이후 기업체, 공공기관 등 여러 조직에서 Z세대에 대한 강연을 요청해 왔고, 주로 마케팅 관점, HRM 관점에서 이들과 어떻게 일할 것인지, 어떻게 고객으로서 이들의 마음을 사로잡을지를 조언했다.

그런데 군부대에서 들어온 요청은 좀 다르게 준비할 수밖에 없었다. 바로 Z세대 중 한 성별, 즉 '이대남'이 대거 입대한 이후에 예전과 같은 병사관리 방식에 한계를 느끼고 이를 타개하기 위한 조언을 강연 형식을 통해 전해 달라는 것이었기 때문이다. 완전히 새로운 유형의 20대 남성들의 사고방식에 당황한 부사관들과, 지휘관으로서 병사 관리에 골머리를 앓고 있는 장교들 수십 명이 강당에 모여 있었다.

충성스러운 부하 남자 직원은 없다

<20대 남자> 책은 이대남 현상을 엄밀한 과학적 설문조사를 통해 분석하여 2019년 한 해 화제가 된 바 있다. 이 내용을 토대로 필자는 당시 군 간부들에게 절대 20대 병사들을 위로한답시고 '남자로 태어나서 말이야', '사나이가 말이야'라는 말은 입밖에도 꺼내지 말라고 당부했다. 2020년대 한국의 20대 남성은 한국 역사상 최초로 자신들이 약자라고 느끼는 '마이너리티 정체성'을 가진 남성들이라는 것이 이 설문조사의 결과였다.

20대 남성들은 '왜 자신들만 군대에 와서 희생하는가', '왜 입시에서부터 입사 이후까지 많은 혜택은 여성들에게만 돌아가는가'라는 생각을 하며 자신들이 '역차별' 당하고 있다고 느끼고 있다. 그런 이들에게 '남자로서 이런 건 해야 한다'는 말로 위로하는 것은 불에 기름을 붓는 격이다.

군대가 아닌 일반 조직, 기업 내에서도 마찬가지다. '남자는 여성에 비해 여러모로 사회생활 하기가 편하고 유리하니까, 약간의 희생을 해도 괜찮다'라는 생각, '무거운 짐을 옮기거나 당직/숙직을 하는 것은 당연히 남자만 하는 것'이라는 생각은 이제 재고할 필요가 있다. 개인화 세대 남성들이 이를 '역차별'로 인식하고 강하게 반발하는 경향이 나타나고 있기 때문이다. 마크로밀엠브레인 연구팀은 <2023 트렌드 모니터>에서 개인화세대 20대 남성들은 직업, 돈벌이, 조직생활과 관련해 어떤 생각을 하고 있는지 살펴봤다.

연구팀은 다수 20대 남성의 목표가 "이른 나이에 부를 일구어, 경제적으로 자유를 누리는 것"이라고 설명한다. 경제적 자유를 달성하려는 의지 측면에서 같은 연령대 여성보다 남성이 더 강했고, 부를 이루고 난 이후의 로드맵도 더 뚜렷했다. 20대 남성의 51.4%(여성 47%)가 '나는 40대 이전에 경제적으로 자유로운 은퇴생활을 즐기고 싶다'고 답했고, 20대 남성의 35.8%(여성 29.2%)는 '나는 만약 경제적으로 은퇴를 할 수 있다면, 아주 구체적으로 하고 싶은 일을 정해 놨다'고 답했는데, 모두 여성보다는 높은 비율이었다.

이처럼 경제적 자유와 조기은퇴를 꿈꾸고 구체적인 계획을 고민하는 개인화세대 남성들이 이전 세대의 남성들, 특히 집단주의가 강한 86세대 임원들이 젊었을 때처럼 '조직에 대한 충성'을 강하게 보일 리 없다. 충성을 강요하고 희생을 요구하는 방식으로는 결코 20대 남성과 소통하고 그들의 역량을 끌어낼 수 없다. 그들이 조직에서 **공**

정하게 대접받는다고 느끼도록 해주고, 이를 위해 인사관리, 성과평가와 보상 등에서의 **투명성을 높이며, 조직에서 하는 일이 미래를 위한 개인의 성장과 자기계발, 이를 통한 미래 부(富)의 창출에 도움이 될 수 있음을 인식시켜 주는 것**이 '열심히 하고, 희생하고 조직에 충성하면 미래에 높은 자리에 올라갈 수 있다'고 설득하는 것보다 훨씬 효과적일 것이다.

20대 여성이 조직에 더 친화적일 수도 있다

우선 '여성들은 조직생활을 힘들어한다'라는 오래된 편견과 달리, 마크로밀엠브레인 연구팀 조사에 따르면 20대 여성들은 회사에서 인간관계가 좋고 인간성이 좋은 사람으로 인정받고 싶어한다. 실제로 남성들에 비해 그런 성향이 더 강하다. ('나는 회사에서 인간관계가 좋고, 인간성이 좋은 사람으로 인정받고 싶다'-20대 여성 76.6% vs. 20대 남성 69.8%) 이 연구팀은 이러한 결과를 보여주면서 "20년 이상 조직생활 경험을 한 50대 이상 관리자는 놀랄 수 있다. 전통적으로 남성이 조직생활을 더 잘할 것이라는 '경험적 직관'에 위배되기 때문"이라며 "오래된 편견을 '새로 고침'할 때가 됐다"고 조언한다.

이처럼 20대 여성들이 조직생활에 좀 더 높은 관여도를 보이고는 있지만, 이는 오직 '회사 내에서 근무 중'일 때에만 해당한다. 20대 여성들은 남성들에 비해 회사 밖에서는 연락을 하고 싶어하지 않았으며, 일과 사적인 영역은 철저하게 분리하는 성향이 있다.

이러한 20대 여성, 개인화세대의 여성과 소통하는 방법을 몰라 의도치 않게 사생활 침해성 발언을 하거나 심지어 성희롱으로 느껴질 발언을 하는 관리자들도 있는데, 이러한 실수를 사전에 방지하고 이들이 조직 내에서 심리적 안전감을 느끼며 업무에 몰입할 수 있도록 하기 위해서는 관리자들 스스로 공적인 일과 사적인 일의 구분을 명확히 해야 한다.

개인적으로 특별한 계기를 통해 친분이 쌓인 경우가 아니라면 오직 공적인 부분의 대화를 중심으로 소통을 할 필요가 있다. '남자친구 또는 애인이 있는지', '결혼은 언제 할 것인지', '애는 언제 낳을 것인지', '애인이나 배우자는 뭐하는 사람이고 잘 해주는지' 등은 전혀 궁금할 일도 아니고 물어볼 부분도 아니다. 점심시간에 업무 얘기 대신 즐겁게 대화를 하고 싶다면, 공통의 화제가 될 만한 연예, 스포츠, 트렌드 얘기를 하면 된다. 절대 개인의 사생활 선을 넘어서는 안 된다. 이러한 것만 잘 지키면서 소통해도 그들이 이미 적극적으로 인간관계를 형성하고 인정받고 싶어하는 것이 확인된 만큼, 20대 여성 직원과의 소통은 원활해질 것이다.

2

싸움을
부추기는 것들

갈등 증폭기와 원심 분리기가 만드는 게리맨더링

3장에서는 세대 내 갈등, 세대 내 차이가 가장 극명하게 드러난 개인화세대 내부의 중심 갈등 축, 즉 젠더 문제와 페미니즘을 둘러싼 갈등에 대해 다뤄봤다. 단순히 '이 문제가 이렇게 중요하다'고 설명하기 위함은 아니었다. 이 시대의 갈등이 전개되고 증폭되는 과정과 구조에 대한 논의로 나아가기 위해서였다.

사실 '개인화'라는 건 비단 개인화세대에만 해당되는 건 아니다. 세대를 불문하고 점점 많은 이들이 온라인 커뮤니티, 동영상 플랫폼, 소셜 미디어 플랫폼에서 생활하고 있다. 온라인, 디지털 세상 중심의 활동이 어떻게 우리를 분리시키고, 분열과 갈등을 심화시키는지 대표적으로 보여주는 것이 개인화세대 내 갈등이다. 집단별로 다른 세계관을 형성하고, 그 사람들끼리만 온라인에서 상호작용하면서 갈등이 심화되는 일은 앞으로 다른 세대에서도 일어날 수 있다.

현재 세대 내 분열이 투표 행태에서의 유의미한 차이로까지 나타난 건 20대와 30대 초반 연령대의 '개인화세대'뿐이다. 하지만 이들의 사례를 통해, '급속한 압축 성장에 의한 비동시성의 동시성'이라는 갈등 증폭기 외에, '필터버블과 에코챔버'라는 원심분리기가 한국 사회에 존재한다는 점도 알 수 있었다. 세대 간 또는 정치 성향이 다른 사람들 사이에서 극심해지고 있는 분열과 갈등, 상대에 대한 혐오 메커니즘의 작동 방식을 크게 두 축에서 이해할 수 있었다.

　이번 장에서는 이러한 필터버블과 에코챔버, 선택적 노출이 '개인화세대'를 넘어서 전체 한국 사회와 한국인들 사이에 미치는 영향, 그러한 영향 하에 형성되는 '디지털 게리맨더링'에 대해서 본격적으로 다뤄보겠다.

디지털 게리맨더링

앞에서 '개인화세대 내에서 벌어진 분열과 갈등', '다른 세대 내에서도 정치 성향과 사회에 대한 인식, 지지 정당에 대한 차이가 적대와 혐오로 바뀌는 현상' 등을 다루면서 '필터버블'과 '에코챔버'라는 개념을 제시한 바 있다. 두 개념이 지금의 갈등과 적대, 혐오를 만들어내는 이 시대의, 한국 사회의 '원심 분리기'라면 그 결과로 나타난 현 시대를 정의하는 말은 '디지털 게리맨더링'이다.

게리맨더링(gerrymandering)이란, 특정 정당이나 특정인에 유리하도록 선거구를 정하는 것을 일컫는 정치학 용어다. 반대당이 강한 선거구를 억지로 분할하거나 자기 당에게 유리한 지역적 기반을 멋대로 결합시켜 당선 가능성을 높이는 것을 말한다. 예를 들어, 어느 시의 A구와 C구에는 자신의 지지자가 많다면, 자연스럽게 가깝게 붙어 있는 A구와 B구를 하나로 묶는 게 아니라 A구와 C구를 하나의 지역구로 묶는 것이다. 당연히 선거구 지역의 모양새는 이상해진다. 이러한 '꼼수'를 처음 고안한 미국 정치인 엘브리지 게리(Elbridge T. Gerry)의 'Gerry'와 그리스 신화의 불도마뱀인 샐러맨더(salamander)의 'mander'가 합쳐져 만들어진 단어다. 게리가 꼼수로 만든 이상한 선거구 모양이 마치 불도마뱀처럼 생겼었기 때문이다.

왜 갑자기 게리맨더링 얘기를 하고 있을까?

지금 한국을 비롯한 전 세계 많은 국가의 사람들은, 거대 플랫폼 기업이 만든 소셜미디어와 온라인 커뮤니티에서 필터버블에 둘러싸이고 에코챔버에 갇히고 있다. 유사한 생각과 가치관을 가진 사람들끼리만 소통하면서 점점 자연스럽게 구획이 만들어지고 담이 쌓이고 있다. 인간은 본능적으로 '유유상종'하고 싶어하는데, 이러한 심리가 온라인 플랫폼에서의 체류 시간을 늘려주고 체류 시간이 늘어나 온라인 관계가 확장되면 자신의 포스팅과 댓글에 대한 '실시간 반응'도 늘어난다. 이건 매우 강한 중독을 일으킨다.[38]

필터버블과 에코챔버는 마치 사람들의 자발적 선택의 결과인 것 같지만, 알고리즘이 자체적으로 인간의 본능을 이용해 만들어낸 것들이다. 정치인들이 자신의 이익(당선)을 위해 지지자들이 많은 지역을 인위적으로 묶어버렸듯, 거대 플랫폼 기업들이 자신들의 이익(수익)을 위해 디지털 세계의 비슷한 생각을 가진 사람들끼리 비슷한 뉴스를 끊임없이 보고 공유하면서 더 동질화되고, 극단적이 되도록 알고리즘으로 묶어

---

38 이와 관련해서는 많은 논문과 책이 있지만, 넷플릭스 다큐멘터리 '소셜딜레마'에서 가장 적나라하고 알기 쉽게 다뤘다.

버렸다는 얘기다. 알고리즘에 의해 만들어진 필터버블과 에코챔버가 만들어낸 결과가 바로 '디지털 게리맨더링'이다.

갈등의 진짜 배후

디지털 게리맨더링은 거대 플랫폼 기업에 의해 1차적으로 발생한다. 여기까지는 기업의 이익 극대화 과정에서 나타난 문제인데, 이렇게 소셜미디어와 온라인 커뮤니티에 의해 나눠지기 시작한 사람들이 다른 디지털 세계의 구역에 있는(즉, 다른 이념이나 가치관을 가진) 사람들을 더 혐오하게 만들고 소통이 불가능하도록 벽을 쌓는 일은 이 메커니즘을 활용하는 '뉴미디어 선동가'들, 그리고 이들과 공생하는 정치인들에 의해 이뤄진다.

즉, 디지털 게리맨더링 자체는 알고리즘을 만든 거대 플랫폼 기업에 의해 이뤄졌지만, 이 게리맨더링으로 획정된 구역을 고착화하고 사람들 사이의 적대감을 높이는 건 조회 수를 통해 돈을 버는 이들과 강고한 지지자를 필요로 하는 정치인(또는 사회·경제적 권력자)이라는 얘기다. 미국이나 한국에서 일부 종교 단체와 지도자들도 이런 방식으로 정치·사회적 이슈에 개입하고 영향력을 확대하기도 한다.

앞서 '동시대 효과'에 따라 세대를 재분류하고 비동시성의 동시성이라는 개념을 제시한 바 있다. 그리고 이것이 한국 사회의 갈등 증폭기로 작동하고 있다고 설명했다. 비동시성의 동시성은 다분히 한국적 특수성을 드러내는 시계열적인 분석 틀이자 개념이다.

이에 반해 디지털 게리맨더링은 모바일·인터넷 인프라 수준이 높고 스마트폰 보급률이 매우 높은, 그래서 사람들이 항상 소셜미디어/유튜브/온라인 커뮤니티의 세계에 연결돼 있는 '선진국 보편'의 문제다. 상호 적대와 혐오가 강화되는 방식은 같으나, 국가별로 역사와 문화의 차이로 인해 갈등과 분열의 중심축 또는 핵심 이슈만이 다르게 나타나는 현상이라고 할 수 있다. 현 시대의 단면을 보여주는, 이른바 '횡단면'을 이해하기에 좋은 개념이다.

무엇이 우리를 갈라놓을까?

그럼 디지털 게리맨더링의 출발점, 플랫폼 기업이 만들어낸 '소셜미디어와 각종 동영상 플랫폼·커뮤니티'의 '추천' 알고리즘부터 알아보자.

메타의 페이스북과 인스타그램, 구글의 유튜브 등 대표적인 소셜미디어와 동영상 플랫폼의 추천 시스템이 어떤 알고리즘을 갖고 있는지는 자세하게 밝혀져 있지 않지만, 다음 세 가지 추천 시스템의 조합과 변형일 가능성이 크다.

첫째는 협업 필터링 모델이다. 사용자들의 행동 이력에 기반해 추천을 해주는데, 예를 들어 A라는 사람이 '페미니즘'과 관련된 책을 구입했거나 관련 글에 '좋아요'를 눌렀다면 비슷한 연령, 유사한 구매/좋아요 행태 등의 기록을 가진 사람이 접속 했을 때 A가 구매한 책, 또는 '좋아요'를 누른 글/기사를 추천하는 것이다. 인터넷 쇼핑, 온라인 서점 초기부터 항상 있었던 방식이다. 두 번째 시스템은 콘텐츠 기반 모델로, 콘텐츠 그 자체의 연관성과 유사도를 중심으로 추천하는 것인데, 누군가 '지구는 평평하다'라는 유튜브 동영상을 몇 편 보고 나면 계속 관련 음모론 영상이 뜨는 방식이다. 첫 번째와 두 번째 방식을 섞은 게 하이브리드 시스템인데, 아마 대부분의 상품·서비스·콘텐츠·친구 추천 알고리즘은 이 세 시스템의 조합과 변형으로 이뤄질 것이다. 또한 개인 정보를 제공한 소셜미디어 플랫폼이라면 스마트폰에 저장된 친구 목록이 그대로 추천 목록에도 뜰 것이다.

'필터버블'이라는 개념을 처음 제시한 프레이저[39]는 자신의 책에서 "나는 진보 성향이 강한데, 내 페이스북 페이지에서 성향이 보수적인 친구들이 사라졌다. 그들이 어떻게 생각하는지 듣고 싶지만 그들의 링크는 나의 뉴스피드에 올라오지 않았다"며 "이렇게 각 개인별로 만들어진 **개별화 필터**는 마케팅을 하는 사람들에게는 축복일지 모르나 사회적으로는 재앙"이라고 말한다. 이어 "구글과 페이스북의 알고리즘은 철과 콘크리트로 만들어진 건 아니지만, 우리의 행동을 효과적으로 조절한다"고 덧붙였다.[40]

선택적 노출로 인한 양극화

추천 시스템의 특징, 데이터 알고리즘의 특성이 우리가 처해 있는 '고선택 미디어 환경'과 결합했을 때, 어떤 일이 생기는

---

39 Pariser, Eli. 2011. <The Filter Bubble>을 이현숙과 이정태가 번역한 <생각 조종자들: 당신의 의사결정을 설계하는 위험한 집단>(알키, 2011).
40 같은 책, 238쪽

지 알아보자.[41]

고선택 미디어 환경이란, 기존의 신문·방송 등 올드 미디어에 케이블 TV와 인터넷, 소셜미디어 등이 더해지면서 정보와 콘텐츠의 소스가 늘고 다변화된 환경을 말한다. 저선택 미디어 환경에서 그나마 대중들이 우연하게 마주칠 수 있었던 정치 정보를 고선택 미디어 환경에서는 쉽게 회피할 수 있고, 정치 고관여층들은 자신의 취향에 맞는 정보를 취사선택해 더욱 많은 정보와 뉴스를 접할 수 있게 된다. 즉, 정치 무관심층이나 저관여층에게는 '정보 회피'가, 정치에 관심이 많고 참여가 활발한 고관여층에게는 '정보량의 폭발적 증가'가 나타나는 환경이 되는 것이다. 그 결과 정치 관심도와 참여도에서는 양극화가 일어나게 된다. 단순히 선거나 의회 정치, 대통령 관련 뉴스에서만 이런 일이 벌어지는 게 아니다.

3장에서 언급했던 '페미니즘'을 둘러싼 이슈도 마찬가지고 책의 서두에서 얘기했던 '공정을 둘러싼 여러 뉴스'도 마찬가지다. 특히 정치, 선거, 경제, 사회적 갈등(페미니즘, 종교인 과세 등) 이슈 등 다소 감정이 격화되기 쉬운 영역의 뉴스와 정보에서 이런 일은 확실히 더 많이 나타날 것이다.

---

41 이와 관련한 내용은 고승연의 박사논문 <한국 정당 지지층 유권자들과 정치엘리트의 정서적 양극화: 뉴미디어 필터버블 효과를 중심으로>(고려대학교 박사학위 논문, 2022)에서 내용을 주로 가져왔다.

여기에서 발생하는 게 바로 '선택적 노출'이다. 뉴스나 정보의 수용자가 자신의 성향이나 의견에 부합하거나 일치하는 내용만 받아들이고, 반대되거나 불일치하는 정보와 뉴스는 회피하는 행위다. 필터버블, 에코챔버와 다 연결돼 있는 개념이다.

무조건 내가, 우리가 옳다는 믿음

고선택 미디어 환경에서 자발적·비자발적인 선택적 노출과 필터버블을 경험하는 사람들은 잘못된 정보나 뉴스에서 받아들인 오류의 수정조차 제대로 못하게 된다. 오히려 잘못된 인식을 수정할 수 있는 정보, 즉 자신이 처음에 받아들인 정보와 다른 정보(정확한 정보)가 들어오면 엉뚱하게도 앞서 받아들인 잘못된 정보에 대한 믿음을 더 강화하기도 한다. 이걸 **역화 효과**라고 한다. 사람들은 점차 더 감정적으로 극단화되고 자신과 유사한 생각을 하는 사람들 밖에 있는 사람들, 다른 생각을 가지고 모여 있는 사람들에 대한 혐오와 적대감을 키우게 된다.

기존 연구에 따르면[42], 뉴미디어나 온라인 커뮤니티에는 자극적이고 부정적인 내용이 많이 공유되는데, 이런 정보일수록 '확산 효과'가 크다. 특히 비슷한 정치 성향이나 사회적 가치관을 가진 사람들이 모여 있는 온라인 커뮤니티는 정보 제공자/글 작성자와 정보 수용자 간 유대가 강해 이러한 확산 효과가 더 커지게 된다.

3장에서 다뤘던 '페미니즘'을 둘러싼 여초/남초 커뮤니티의 '논쟁' 아닌 '조롱과 유희'를 기억하는가. 수많은 페미니즘과 안티 페미니즘에 관련된 정제되지 않은 글들, 편향된 글과 의견, 일부 사건과 사례를 부풀리는 침소봉대의 게시글, 이러한 게시글 및 뉴스 공유를 노리고 만들어지는 인터넷 언론(심지어 자칭 정론지들)의 자극적인 기사들. 그렇게 **자극의 강화와 혐오의 심화가 진행**된다.

마찬가지로 보수 성향이 짙은 커뮤니티의 사람들과 진보 성향이 강한 커뮤니티에 모인 사람들도 각각 자신들이 지지하는 정치 세력과 인물들에 관해서는 무조건적으로 방어하고 옹호하는 정보와 기사를 게시판에 퍼 나른다. 상대 세력에 대해서는 진실이든 아니든 안 좋은 내용만 가져와 함께 분노한

42　기존 연구 전반에 대한 검토는 앞의 각주에서 언급한 고승연의 박사논문에 정리된 내용을 재인용하며 가져왔다.

다. 일부 종교 단체에서도 온·오프라인에서 유사한 활동을 하며 정치·사회적 영향력을 확장하고자 한다.

그렇게 유사한 생각을 가진 사람들끼리 모인 카카오 오픈 챗방, 단톡방에도 온갖 분노 유발 콘텐츠와 정보가 넘쳐난다. 유튜브 영상, 페이스북 글, 어느 게시판의 글과 한국 언론 특유의 팩트체크가 덜 된 기사들까지. 꼭 인터넷 사이트나 카페와 같은 커뮤니티가 아니어도, 우리는 늘 이런 '디지털 게리맨더링'이 이뤄진 온라인의 어느 지역 한곳에는 속해 있다는 뜻이다.

인류의 문명이 상당히 발전해 '이성'과 '합리'가 지배해야 할 것 같은 이 시대에, 이런 일이 사라지기는커녕 왜 더 심해지는 것일까? 이제 다른 나라 연구자들의 분석을 토대로 이 부분을 짚어보자.

새로운 선동가들

지금까지 우리는 알고리즘에 의해 디지털 세계에서 비슷한 생각을 가진 사람들끼리 비슷한 뉴스를 끊임없이 보고 공유하며 더욱 동질화되고, 극단적이 되는 디지털 게리맨더링에 대해 알아봤다.

디지털 게리맨더링을 이야기할 때, 빼놓을 수 없는 것이 커뮤니티이다. 커뮤니티 내 다수의 일반 유저들은 '관심'과 '좋아요', '동조하는 댓글'과 같은 반응을 위해, 또 말 그대로 재미를 위해 자발적으로 이런 활동을 하지만 이걸 이용하는 사람들이 나타난다. 이른바 **뉴미디어 선동가**들이다.

이들은 커뮤니티 게시판에서 영향력을 확보하기도 하고, 모두가 자신의 미디어를 갖고 있는 시대다 보니 자연스럽게 자신의 소셜미디어나 유튜브 계정으로 사람들을 모으기도 한다. 유튜브에서 이들은 선거, 사건, 사회적 이슈마다 튀어나와 자극적인 내용으로 조회 수를 올리는 '사이버 렉카(Cyber Wrecker)'라고 불린다. 사람들은 자신이 받아들인 정보나 뉴스가 오류로 판명 나더라도 그걸 받아들이지 못하고, 점점 자신의 처음 믿음을 강화하는 뉴스와 정보만 받아들인다는 것을, 그리고 점점 더 자극적인 것을 찾게 된다는 걸 기억하자.

그리고 기본적인 추천 알고리즘에 대해 처음부터 차근차근

다시 정리를 해보자.

주지하다시피, 소셜미디어에서 누군가의 글을 보고 '좋아요'를 몇 번 누르다 보면 비슷한 류의 글만 눈에 계속 보이게 된다. 똑같이 팔로우를 한 사람이라도 긍정적 반응을 보인 사람들의 글이 우선적으로 보이는 시스템이다. 또 유튜브는 어떤 영상이든 한 번 보면 계속 관련 영상을 띄운다. 유튜브에서 흥미로운 영상 짧은 것 하나 보기 시작했다가 결국 '날밤 샌다'는 얘기를 많이 하는데, 이것은 개인의 의지 문제가 아니라 그 알고리즘의 힘이다. 어쨌든 이 알고리즘에 올라타 자신의 이득을 취하는 뉴미디어 선동가들에 의해 디지털 세계에서의 적대와 혐오는 더욱 강화된다.

그리고 마지막으로 이것을 이용하려는 정치·경제·사회의 권력자/영향력자들이 나타난다. 페미니즘을 둘러싼 갈등을 발전적으로 해결하기보다는 정치적으로 동원하려 하는 사람들이 있는데, 이것이 바로 영향력자/권력자들이 뉴미디어 시대의 선동가들과 함께 자신의 이익을 위해 사람들의 혐오와 갈등을 이용하는 전형적인 사례다. 지금 나타나는 모든 문제와 디지털 게리맨더링의 고착화를 오직 알고리즘 탓으로만 돌릴 수는 없는 이유다.

그런데 인류의 문명 발달로만 보면 '이성'과 '합리'가 지배해야 할 것 같은 이 시대에 이런 일은 도대체 왜 더 심해지는 것일까?

스마트폰에 봉쇄된 사람들

지금 나타나는 이 디지털 게리맨더링이 선진국의 보편적 현상이다 보니, 다른 나라의 연구자들도 고민이 많다. 관련 서적도 많이 나왔다.

유럽의 유명 경제학자이자 사회비평 작가인 노리나 허츠는 <고립의 시대>[43]라는 저서에서 현대인이 겪는 특히 젊은 층이 겪는 **외로움**에 주목한다. **항상적 연결 상태**에 있다고 하는 디지털 네이티브, 모바일 네이티브들이 오히려 더 큰 외로움을 겪고 있다는 것이다.

스마트폰과 소셜미디어의 확산이 역설적으로 외로움의 근원이 된다는 것인데, 이 기기들과 플랫폼이 주변사람들을 향한 우리의 관심을 빼앗고 우리 내면에 자리한 최악의 것들을 부채질함으로써 분노와 종족주의(유럽에서는 이 문제가 심각하다.)로 우리를 몰아넣는다는 것이다.

---

43 번역본이 2021년 말 웅진지식하우스에서 출판됐다.

이렇게 쌓인 **외로움과 고립감**이 결국 인간들이 서로를 공격하도록 만든다면서 허츠 박사는 "(바로 이때 적대감을 동원하는) 포퓰리스트 지도자들이 나타나 외롭고 버려진 느낌을 받는 사람들을 모아 민족이나 인종에 기반한 공동체를 조성하면서 종족주의를 무기화하고 타자를 적으로 만든다"고 설명한다.

유럽에서는 이렇게 형성된 반이민정서, 인종주의와 포퓰리즘은 좌우 가릴 것 없이 모든 전통 정당을 극단으로 밀어붙이면서 분열과 불신과 혐오의 대화를 일상화한다는 것이다.[44] 우리가 지금 겪고 있는 일과 그 주제나 이슈가 다를 뿐, 벌어지는 일의 진행 양상은 상당히 유사해 보인다.

허츠 박사의 표현 중에 '스마트폰에 봉쇄된 사람들'이라는 말이 참 재미있다. 이 '스마트폰에 봉쇄된 사람들'과 유사한 개념은 유럽의 정치학자 타이나 부처가 쓴 <If...Then: Algorithmic Power and Politics>[45]에도 등장하는데, 지금 시

---

44 한편 이졸데 카림이라는 유럽의 철학자는 저서 <나와 타자들>에서 좀 더 추상의 수준을 높여서 비슷한 논의를 전개한다. 카림 박사가 볼 때, 지금의 선진국들이 겪는 문제는 '개인주의 개념의 변화'다. 상당히 난해한 얘기이므로 결론만 정리하면 현대사회가 복잡해지고, 사회가 극도로 다양화되면서 개인은 매우 '분절화된 정체성'을 갖게 됐다. 자신의 소속집단이 희미해지고 '주 정체성'이 사라지면서 세분화된 정체성이 이 영역 저 영역에 동시에 속하게 되고 내적으로 갈등을 만들어낸다. 이 혼란을 극복하기 위해 많은 이들이 인종이나 종교 등 큰 집단으로의 소속감을 갖으려 한다. 이때 등장하는 것이 '팬덤'을 가진 포퓰리스트 정치인이라는 것이다. 1장, 2장 등을 통해 마이크로 정체성을 이야기하며 젊은 세대는 아예 정체성 자체가 불분명하다고 했는데, 그와 일맥상통하는 이야기다.
45 2018년 OXFORD UNIVERSITY PRESS에서 출판된 책인데, 아직 한국에 번역서는

대 사람들의 행동 패턴의 특성과 잘 연결된다. 부처 박사는 알고리즘이 지배하는 사회, 변화한 권력의 구조를 설명하면서 지금 시대에는 근대 시기 미셸 푸코가 생각했던 판옵티콘 감옥[46] 방식이 아니라, 스스로 자신을 보여주고 싶어하고 자신이 관심을 받지 못할 경우 괴로워하는 **역판옵티콘의 감옥**에 갇혀 있다고 말한다. 좀 어려운 얘기이지만, 인스타그램에 무엇인가를 올리고 관심과 주목을 끄는 행위가 일상화된 지금 시대를 생각해 보면 이해가 되는 설명이다.

외로움과 역판옵티콘. 이 두 가지 키워드를 가지고 한국 사회를 들여다보면, 우리가 왜 그렇게 플랫폼의 추천 알고리즘에 취약한지, 왜 자발적/비자발적 선택적 노출 속에서 점점 필터버블과 에코챔버에 갇히게 되는지, 그리고 합리와 이성보다는 감정적인 분노에 기대어 누군가의 말을 신뢰하고 행동하게 되는지 이해하기 쉬워진다.

나오지 않았다.

46 감시자가 있는 곳은 모두를 볼 수 있는 위치이지만, 죄수들은 그 위치에 사람이 있는지도 파악할 수 없는 형태의 감옥 또는 수용소로, 죄수들은 감시자가 있는지 없는지 모르는 상태에서 항상 감시 받는다고 느끼며 행동에 제약을 받는다.

완전히 분리된 세계

거대 플랫폼 기업이 수익을 위해 만든 알고리즘, 기술 발전에 따른 고선택 미디어 환경이라는 조건에서 우리는 필터버블과 에코챔버에 갇혔다. 그리고 유사한 사람들끼리 점점 더 자극적인 내용을 공유하고 함께 분노하며 다른 생각, 가치관, 정치 성향을 가진 그룹(유럽에서는 종교와 인종까지)을 더욱 혐오하고 적대하게 된다. 이를 이용하고자 하는 뉴미디어 선동가들이 나타나고 정치·경제·사회의 권력자/영향력자들이 이들과 결탁한다.

그렇게 첨단 플랫폼 기술 기업의 수익 추구 행위는 그 의도와 무관하게 인간의 본성과 현대 사회의 특성 그리고 이를 이용하려는 또 다른 사람들과 만나 단순한 취미와 취향을 넘어서는 가치관, 정치 성향, 그리고 이념에 따른 거대한 분리를 만들어낸다. 사는 세계가 또 달라진다는 것이다. 즉, **우리는 이제 같은 나라에 살고 있지만 실제로 사는 세계는 다르다.**

2022년 여름의 급격한 물가 상승을 두고 한쪽에서는 전 정부에서 최저임금을 빠르게 올린 탓이라 믿고 선동하지만, 다른 세계에서는 전적으로 현 정부가 환율 방어를 못해서 벌어지는 일이라는 말이 '좋아요'를 얻는다. 물론 진실은 우크라이나 전쟁과 과잉유동성[47]이 맞물려 나타난 세계적인 인플레이션과 미국의 금리인상이 중요한 변수였다는 것이지만, 진실이 중요한 건 아니다. 그들 각자의 세계에서는 그렇다.

2장에서 우리는 '비동시성의 동시성'이라는 한국의 특수성을 가지고 같은 나라에 살고 있지만 사는 시대가 다르다고 설명한 바 있다. 그리고 그것이 세대 간 갈등을 사실상 시대 갈등, 시대 충돌로 증폭시키고 있다고 보았다.

그런데 세대와 무관하게 우리는 알고리즘이 만들어내고 의도적·비의도적으로 강화된 필터버블과 에코챔버로 인해 '디지털 게리맨더링' 현상을 겪고 있다. 이건 우리 사회의 갈등과 분열 양상이 단순히 세대 갈등이나 시대 갈등으로만 설명할 수 없다는 얘기이기도 하다. 앞선 두 갈등이 기본으로 깔려 있는 상황에서 서로 완전히 분리된 세계의 사람들끼리 충돌하는 '서로 다른 세계(관)의 갈등'까지 나타나고 있다는 것이다.

---

47 금융시장에서 유동성이 높은 자산, 특히 통화(현금통화와 예금통화)의 공급이 수요를 상회하는 상태. 이 상태를 방치하면 지출을 자극하여 인플레이션이 일어나기 쉽다. 보통은 중앙은행의 금융조절 수단으로 이 같은 유동성을 흡수한다. 유동성 과잉상태가 되면 기업의 자금이 부동산투기나 주식투기, 상품매점 등에 쏠리는 경향이 있다. (출처: 매일경제 경제용어 사전)

2022년 여름,
급격한 물가 상승을 두고
한쪽에서는 전 정부에서
최저임금을 빠르게 올린 탓이라
믿고 선동하지만,
다른 세계에서는 전적으로 현
정부가 환율 방어를 못해서
벌어지는 일이라는 말이
'좋아요'를 얻는다.

우리가 싸우는 이유

물론 진실은
우크라이나 전쟁과 과잉유동성이
맞물려 나타난 세계적인
인플레이션과 미국의 금리인상이
중요한 변수였다는 것이지만,

진실이 중요한 건 아니다.

그들 각자의 세계에서는 그렇다.

정서적 양극화와 거대한 분리

<The Big Sort>[48]라는 책이 있다. 제목은 영화 <빅쇼트>와 비슷하지만 'short'가 아닌 'sort'다. 말 그대로 '거대한 분리'를 의미한다. 미국의 저널리스트 출신 빌 비숍(Bill Bishop)이라는 작가가 사회과학 연구자 한 명의 도움을 받아가며 정치학, 사회학, 경제학, 문화인류학 등 다양한 분야의 최신 논문을 읽고 전·현직 정치인과 활동가, 일반 시민들을 다양하게 인터뷰해쓴 책이다.

많은 함의가 있고 큰 통찰이 담긴 책이지만, 가장 중요한 메시지는 미국에서 정치 이념과 지지 정당에 따라 분열된 사람들 사이에서 서로에 대한 혐오와 적대감이 너무나 커진 나머지 이제는 실제로 물리적으로 사는 곳(도시와 마을 단위까지도) 자체가 달라졌다는 것이다. 거대하게 분리되고, 성향에 따라 완전히 분류(sorting)된 상태로 같은 나라에 살지만 다른 나라에 사는 듯 살아가고 있다는 것이다. 이 책에서는 미국에서 1990년대부터 시작돼 2000년대 이후 강화된 양당 지지자 그룹 간의 '정서적 양극화'라는 문제를 다루고 있다.

---

48 2009년 Mariner Books에서 출판된 책으로, 한국에 번역본은 없다.

한국은 미국과 달리 좁은 땅에 어차피 다 같이 살고 있어 '물리적인 공간의 분리'는 강하게 일어나지 않고 있지만, 분명 우리 삶의 상당 부분을 차지하는 온라인 세계, 디지털 세계에서는 '거대한 분리'가 일어났다고 볼 수 있다.

다음 장에서는 <The Big Sort>에서 다뤘던 정치 성향과 가치관, 지지 정당에 따른 '정서적 양극화'가 한국에서는 어떻게 나타나고 있는지, 실제 뉴미디어·소셜미디어가 이러한 정서적 양극화에 끼친 영향은 얼마나 되는지를 다양한 여론조사 데이터와 이에 대한 통계 분석을 근거로 살펴보겠다.

이념 갈등보다 더 심각한 것, 정서적 양극화

앞서 언급했듯, 빌 비숍의 저서 <The Big Sort>는 거대하게 분리되고, 완전하게 성향에 따라 분류된 상태로 같은 나라에 살지만 다른 나라에 사는 듯 살아가고 있다는 내용이다.

미국 유권자, 즉 미국민들 사이의 '정서적 양극화'는 1980년대 이후 미국에서 본격화하였고, '정치인들 간의 이념적 양극화'가 그 출발점이다. 당시 미국 상하원 의원들, 그 후보군을 형성하는 정치 엘리트들 사이에서 이념적인 간극이 벌어지기 시작한 것이다. 그 원인[49]은 여러 가지가 있지만, 이 책에서 다루는 핵심 내용은 아니니 넘어가도록 하자.

우선, 1980년대 미국 사회로 가보자.

---

49 1980년대 레이건 대통령의 '신자유주의' 정책이 강하게 추진되고 보수적인 사회·경제적 가치관이 공화당 의원들 사이에서 팽배해지면서 시작된 것으로 보는 게 일반적이다.

나와 다르다면, 보기조차 싫다!

1980년대 미국 공화당은 경제 이슈를 넘어 인종, 낙태, 동성애, 학교 예배[50], 이민 등 정체성이나 문화 등과 연결된 문제를 정치 이슈화 또는 쟁점화하면서 보수 유권자 동원 전략을 활용했다. 이에 대응해 민주당 지지층 역시 결집하면서 양당 정치인은 물론 유권자들 간의 이념적 차이도 벌어지기 시작했다.[51]

특히, 1994년 공화당의 강경 우파 뉴트 깅리치(Newt Gingrich) 하원의장이 슬로건으로 내건 '미국과의 계약(Contract with America)'은 미국 내 우파 이익 단체와의 정기적 미팅과 연결 강화를 토대로 공화당을 우경화하는 데에 크게 일조했고, 정치 엘리트 사이에서는 이때부터 확실한 '이념적 양극화'가 나타난다. 이렇게 1990년대를 지나면서 각 당 지지자들, 즉 유권자(국민) 사이에서도 이념적 양극화가 진행됐고 이에 따른 사회문화적 갈등도 심화됐다. 2000년 공화당 조지 W. 부시 대통령과 민

---

50 '학교 공식 일정 중에 개신교 예배를 하고 기도를 하는 것이 옳은가' 등을 놓고 미국은 계속 논쟁 중이다.

51 이와 관련해서는 매우 다양한 학자들이 논문과 책을 통해 데이터로 검증하고 설명해 왔는데, 이를 종합해 서술한 고승연의 박사논문 "한국 정당 지지층 유권자들과 정치엘리트의 정서적 양극화"(2022, 고려대학교)에 잘 정리돼 있다. 본 글에서도 해당 논문을 주로 참고했다.

주당 앨 고어 후보가 경합을 벌인 대선에서는 미국이 '공화당주(red states)'와 '민주당주(blue states)'로 극명하게 분리된다.

그리고 유권자들, 특히 지지 정당이 있는 유권자들 사이에서는 단순히 이념적 양극화를 넘어, 생활 태도와 인생의 가치관에서도 극명한 차이가 나타나고, 그렇기 때문에 서로를 더 이해하지 못하고 상대 정당 지지자를 미워하는 모습을 보이게 된다. 2016년 퓨리서치센터 조사에 따르면, 민주당, 공화당 각 당 지지자들의 60% 이상은 '동네 사람이 같은 정당 지지자일 경우 잘 어울릴 수 있을 것 같다'고 답했다. 또한 릴리아나 메이슨 미 메릴랜드대 교수에 따르면[52], 미국인들이 다른 당 지지자를 결혼 상대로 선호하는 정도는 같은 당 지지자에 대한 그것보다 36%p 낮다. 한마디로 지지 정당이 다른 사람과는 결혼을 하기 꺼려지는 것은 물론, 같은 동네에 사는 것도 내키지 않는다는 것이다.

빌 비숍은 기본적인 데이터에 실제 인구 통계 자료와 심층 인터뷰 등을 통해 "미국이 이제 단순히 공화당주/민주당주로 분리된 것이 아니라 한 주 내에서도 공화당 마을과 민주당 마을, 공화당 도시와 민주당 도시로 분리됐으며 서로 얼굴을 보

---

52   이 내용은 2022년 4월 21일자 <시사인> 기사 "심각한 정치 양극화, 미래가 더 문제다"를 참고했다.

고 살지 않기 시작했다"고 설명한다.

한국 정치의 이념적 분리

미국에서 '사는 곳'까지 분리시키고 있는 '지지 정당'이나 '정치 성향'에 따른 유권자들 사이의 정서적 양극화는 한국에서도 나타나고 있다. 미국보다 시작은 늦었지만 그 심각성은 미국 못지않다.

미국처럼 넓은 땅에 살고 있지 않아, '물리적인 공간의 분리'까지 일어나진 않지만, 인터넷, 온라인상에서의 분리는 상당히 심화된 것으로 보인다. 각자 자기 성향에 맞는 커뮤니티 활동만 하고 소셜미디어·동영상 플랫폼에서는 유사한 정치 성향의 사람들, 비슷한 가치관을 지닌 사람들하고만 주로 교류하며 유사한 관점의 콘텐츠만을 소비하면서

이런 '분리'는 더욱 강화되고 있다.[53]

필터버블, 에코챔버 그리고 디지털 게리맨더링 등의 개념과 현상에 대한 설명은 앞선 장에서 충분히 이뤄졌기에, 이제 이미 많이 익숙해졌을 얘기들이다. 한국에서도 이러한 분리의 시작은 정치 엘리트들 사이의 이념적 양극화, 즉 좌파와 우파 정치인들 간의 이념적 거리가 더 멀어지는 현상부터였다. 한국의 정치학자들은 대체적으로 2004년 17대 국회에서부터 '중도 성향' 국회의원 비율이 감소하는 패턴이 나타나기 시작했고, 지금까지 이어지고 있다는 것을 검증해 왔다.[54]

<그림 5>[55]를 보면, 의원들의 자기 이념평가 지수(주관적 이념평가)와 정책 선호 따른 이념지수(객관적 이념평가)에서 한국 양대 정당 의원들의 점수 차이가 벌어지는 패턴을 어느 정도

---

53 원래 국내에 존재하던 지역주의 투표 행태는 오히려 약화되는 부분도 있으니까 차치하기로 하자.

54 이내영 고려대 교수를 필두로 최근까지 장승진 국민대 교수 등 여러 정치학자들의 연구에 의해서 검증돼 왔으며, 이와 관련한 논의 역시 고승연의 박사논문(2022, 고려대학교)에 정리된 내용을 주로 참고·인용했다.

55 분석 자료는 2002년부터 2012년(16대부터 19대)까지 한국정당학회(16대, 19대), 또는 한국정치학회(17대, 18대)와 중앙일보가 공동으로 수행한 국회의원/일반국민 대상 이념/정책 선호 조사. 그리고 20대와 21대 국회는 한국정당학회와 한겨레가 공동 수행한 국회의원 대상 이념/정책 선호 조사. 그림 출처는 고승연의 박사논문 "한국 정당 지지층 유권자들과 정치엘리트의 정서적 양극화"(2022)다.

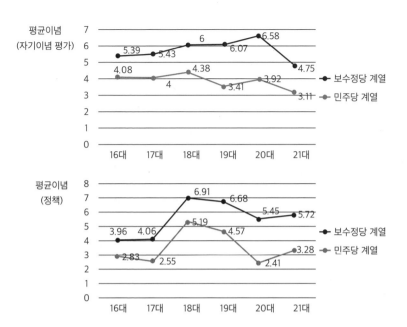

<그림 5> 국회의원들의 자기 이념평가 지수(위)와 정책 선호에 따른 이념지수(아래)

확인할 수 있다.[56]

먼저 상단의 자기이념 평가 그래프부터 살펴보자.

2000년 총선을 통해 구성된 16대 국회에서 1.31에 불과하던 양당 의원들 간 자기이념 평가 평균 차이는 2012년 총선으로 구성된 19대 국회에서 2.66점으로 벌어졌고, 2016년 총선

56 국회의원을 대상으로 한 설문조사에서 국회의원들은 자신이 진보적 성향인지, 보수적 성향인지 0에서 10점 사이로 점수를 매길 수 있는데 이를 '주관적 이념평가'라고 한다. 또한 각종 사회이슈·현안·정책에 대한 선호도를 바탕으로 연구자가 의원들의 실제 이념 성향을 측정할 수 있는데 이 점수를 '객관적 이념평가' 지수라고 한다.

이후 구성된 20대 국회에서도 같은 점수 차를 유지하는 걸 볼수 있다.

21대 국회에서는 1.64로 다소 차이가 줄어드는 모습을 보이기도 하지만, 하단 그래프인 객관적 이념지수 즉, 다양한 정책에 대한 입장을 통해 점수를 매기는 정책선호 점수 차이는 18대 국회에서부터 벌어지기 시작해 20대 국회에 이르면 3점이 넘는 차이를 보여주고, 21대 국회에서도 2점대 중반 (2.44) 차이를 유지하는 것으로 나타난다.

우리나라 유권자들은 어떻게 달라졌을까

'정치인들 사이에서 이념적 차이가 커졌다'는 명제는 거의 절대 다수의 학자가 인정할 수밖에 없는 상황이었지만 오랜 시간 논쟁 중인 영역도 있었다. 바로 '지지 정당이 있는 유권자들 사이에서도 이념적 거리가 멀어지고 있는지' 여부이다.

2010년대 중반까지만 해도 '유권자들 사이의 이념 차이는 크지 않다. 지지 정당이 있는 사람들 사이에서도 마찬가지다' 라는 주장이 설득력이 있었다. 특정 정당을 지지한다고 밝힌 사람들(정당 지지자들) 사이에서도, '지지 정당의 존재 여부'와 무관하게 직전 대선이나 총선에서 특정 정당의 후보를 선택한 이후(지지 정당이 없어도 투표에서는 선택을 하기에) 누구를 선택 했는지에 따라 유권자를 분류한 뒤 살펴본 주관적·객관적인 이념평가에서도 사람들 사이의 이념 차이는 크게 드러나지 않았다. 물론 진보적인 사람도 있었고 보수적인 사람들도 있 었지만 가운데에 가장 많이 몰려 '중첩'돼 있었다는 뜻이다.

그런데 2020년쯤에 이르면 어느 정당을 지지하느냐에 따라, 또는 직전 선거에서 어느 정당 후보에 투표했느냐에 따라 이념적으로 차이가 드러난다.

다음의 <그림 6>, <그림 7>, <그림 8>을 보면 이해하기가 더 쉬울 것이다.[57]

<그림 6>은 '특정 정당에 대한 지지'를 밝힌 사람들의 이념 성향을 그려본 것이고, <그림 7>과 <그림 8>은 각각 대선에서 어떤 정당의 후보를 지지했는지, 총선에서 어느 정당(후보)에 표를 줬는지를 먼저 조사한 뒤에, 투표 선택 차이가 실제 이 념적 차이를 보여주는지 그려 본 것이다.

먼저 <그림 6>을 보면, 양대 정당 지지자들의 이념 분포 에서 유의미한 차이, 즉 '자기 이념 평가'점수 평균의 차이는

57　동아시아연구원/중앙일보 공동 '한국인의 국가정체성 조사(2005), 동아시아연구 원/고려대아세아문제연구소/중앙일보 공동 한국인의 국가정체성 조사(2010, 2015), 동 아시아연구원/성균관대동아시아공존협력연구센터/중앙일보 공동 한국인의 국가정체성 조사(2020) 자료를 분석한 내용이며 출처는 고승연의 박사논문 "한국 정당 지지층 유권 자들과 정치엘리트의 정서적 양극화"(2022)이다.

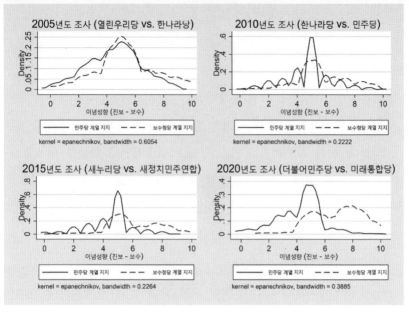

<그림 6> 정당 지지자들의 이념 성향 분포

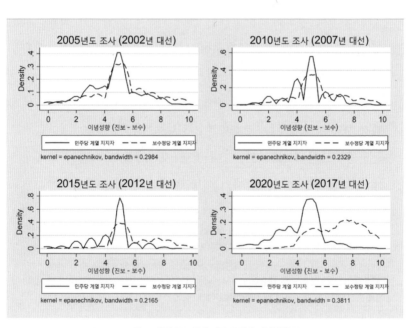

<그림 7> 대선 투표선택 기준 유권자 이념성향 분포

우리가 싸우는 이유

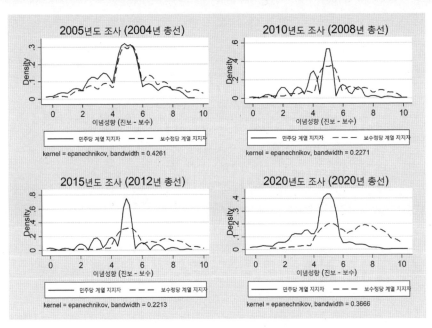

<그림 8> 총선 투표선택 기준 유권자 이념성향 분포

2020년에서야 드러남을 알 수 있다.

이러한 패턴은 <그림 7>과 <그림 8>에서도 거의 비슷하게 나타난다. 수년 전부터 확실히 유권자들, 정당 지지층 사이에서의 이념적 거리가 멀어지기 시작한 게 확인되고 있다.

그렇다면 미국처럼 우리나라 유권자들, 특히 지지 정당이 있고 정치색이 강한 유권자들 사이에서 '정서적 양극화'도 정말 나타나고 있을까? 데이터로 확인이 되고 있을까?

일반적으로는 이념 양극화
이후에 정서 양극화가
진행된다고 하는데,
한국에서는 그 시간 순서가 약간
다르게 나타난 것으로 보인다.

한국에서 이념적 양극화는
2020년이 돼서야
확인이 되는 것에 반해,
정서적 양극화는
오히려 더 빨리 나타났다.

우리가 싸우는 이유

아마도 한국에서는 정치인의
이념적 양극화가 나타난 직후인
2010년대 초반에 스마트폰이
보급되고,
소셜미디어가 급격히
활성화되면서,
또한 온라인 커뮤니티에도
항상적 접속 상태가 되면서

필터버블이 강화되고
에코챔버 현상이 심해진 탓일 수
있다.

정서적 양극화도 '빨리빨리'

'정서'와 '감정'은 측정하기 힘든 변수다. 그래도 여러 학자들이 모여 진행하는 '구조화된 설문', '과학적 조사'에서는 '정당에 대한 호감도/비호감도'를 정확하게 측정하기 위해 많은 노력을 기울인다.

각 정당에 대한 사람들의 태도를 통해 '정서적 양극화'를 분석한 결과를 보자.

<그림 9>를 보면, 2014년까지만 해도 양대 정당 지지자들의 각 당에 대한 호감도 분포는 그래프상에서 중첩되는 영역이 많았으나 2017년과 2018년을 거치면서 중첩 영역이 많이 사라진 것으로 나타난다.

현재는 민주당 계열 정당의 지지자들 중 보수정당에 대한 호감도가 가장 높은 이들과, 보수정당 지지자 중 자신의 지지 정당에 대한 호감도가 가장 낮은 편인 이들과도 중첩되는 영역이 거의 없다.

지지 정당 차이, 당파성·정파적 위치에 따른 '정서적 양극화'는 **자신이 지지하는 정당에 대해 보다 강한 호감을 갖게 되는 동시에 반대하거나 지지하지 않는 정당에 대해 보다 큰 반감을 갖게 되는 현상**이라는 점을 생각해 보면, <그림 9>는 한국에서 정서적 양극화가 지속적으로 진행돼 왔고 강화돼

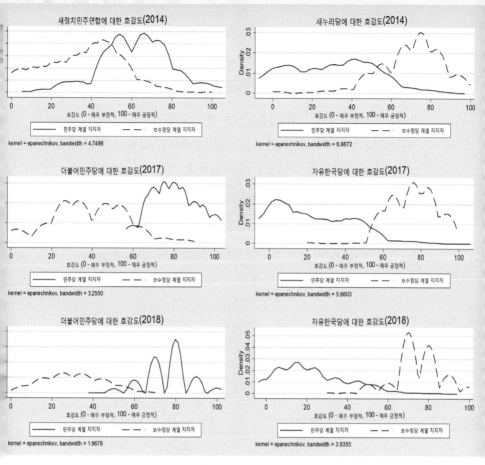

<그림 9> 양대 정당 지지자들의 각 당에 대한 호감도

왔을 가능성을 보여준다.

   <그림 6>부터 <그림 8>까지를 보면, 이념적 양극화는 2020년이 돼서야 확인이 되는 것에 반해, <그림 9>에서 정서적 양극화는 오히려 더 빨리 나타났다는 것도 확인된다. 일반적으로는 이념 양극화 이후에 정서 양극화가 진행된다고 하는데, 한

국에서는 그 시간 순서가 약간 다르게 나타난 것으로 보인다.

정치인들의 이념적 양극화가 나타난 후 10여 년 뒤에 유권자들의 이념적 양극화, 그리고 정서적 양극화가 나타나야 하는데, 아마도 한국에서 정치인의 이념적 양극화가 나타난 직후인 2010년대 초반에 스마트폰이 보급되고, 소셜미디어가 급격히 활성화되면서, 또한 온라인 커뮤니티에도 항상적 접속 상태가 되면서 '필터버블'이 강화되고 '에코챔버' 현상이 심해진 탓일 수 있다.

지금까지는 지난 수십 년간 전 세계 정치학계에서 '이념'과 '정당에 대한 태도'를 측정해 온 자료와 방식을 활용해 '이념적 양극화'와 '정서적 양극화'를 알아봤다.

다음 장에서는 '빅데이터' 시대에 걸맞게 서로 다른 성향의 커뮤니티에 약 3년 간 올라온 게시글에 대한 '감성 분석' 결과를 살펴보고, 회귀분석 자료를 통해 뉴미디어 신뢰도가 국내 정당 호감도 격차에 유의미한 영향을 끼치고 있는지 알아보도록 하자.

우리가 싸우는 이유

데이터로 검증된
필터버블과 감정의 극단화

지금까지 우리는 이념과 정서의 차원에서 미국 사회의 정치 양극화를 알아보고, '이념'과 '정당에 대한 태도'를 측정한 데이터에 기반해, 한국 사회의 '이념적 양극화'와 '정서적 양극화' 과정을 살펴봤다. 미국에서는 '지지 정당'이나 '정치 성향'에 따른 유권자 간 정서적 양극화가 실제 사람들의 '사는 곳'까지 분리시켰고, 우리나라 역시 **온라인상에서 상당한 수준의 분리**를 만들어내고 있음을 알 수 있었다.

여기에서 '분리'는 자기 성향에 맞는 커뮤니티에서만 활동하고, 소셜미디어나 동영상 플랫폼에서는 유사한 정치 성향이나 비슷한 가치관을 가진 사람들하고만 교류하며, 나랑 비슷한 관점의 콘텐츠만 소비하는 등의 모습으로 나타난다.

2010년대 초반 스마트폰이 보급되면서 소셜미디어가 빠르게 활성화되면서 사람들은 온라인 커뮤니티에 항상적 접속 상태를 유지하게 됐다. 이에 따라 '필터버블'이 강화되고 '에

코챔버' 현상이 심해졌음을 우리는 이미 확인하였다. 이 장에
서는 이를 데이터로 보여주고자 한다.

우선 서로 다른 성향의 커뮤니티에 약 3년 간 올라온 게시
글에 대한 '감성 분석' 결과를 살펴보고, 회귀분석 결과를 통
해 뉴미디어 신뢰도가 국내 정당 호감도 격차에 어떤 영향을
끼치고 있는지 알아보자.

각자의 커뮤니티, 각자의 게시판

민주당 지지 성향이 강한 사람들이 주로 모여 활동하는 '딴지일보 자유게시판(이하 딴지게시판)'과 보수정당(현 국민의힘) 지지자들이 주로 글을 쓰고 토론하는 '조선일보 토론마당(이하 조선게시판)'에 올라온 약 3년 간(2018년 6월~2021년 6월)의 글에 대해 '감성 분석'을 했다.[58] 본격적으로 두 게시판 글에 대한 분석 결과를 제시하기 전에 두 게시판과 커뮤니티에 당파성, 정파성이 존재하는지 그리고 먼저 그 당파성은 어느 정도인지 확인한 결과인 <표 2>를 보자.[59] 소속감, 정체성을 상징하고 특정 정치인과 정당에 대한 또는 진영에 대한 지지를 밝히는 단어 즉, '우리'와 '지지'라는 단어를 넣어 유사도를 계산한 결과다. 유사도 점수 순으로 20위까지만 정리했다.

　<표 2>의 딴지게시판 수집 글의 경우 주로 '민주당', '민주', '민주진영', '문프'[60] 등의 단어가 '우리', '지지' 단어의 근처에

58　어떤 방법으로 얼마의 기간 동안, 어떤 이유로 이 두 게시판의 글을 수집해 분석했는지는 고승연의 박사학위 논문 "한국 정당 지지층 유권자들과 정치엘리트의 정서적 양극화"(2022, 고려대학교)의 41쪽부터 47쪽까지를 참고하면 된다. 또 이 책의 텍스트마이닝과 관련된 모든 표와 그림의 출처 역시 같은 논문이다.

59　웹스크레이핑으로 수집한 두 게시판의 글 중 분석대상으로 삼은 게시글 전체에 대해 텍스트 분석 관련 머신러닝 기법 중 하나인 'Word to Vector'를 활용했다.

60　당시 정부·여당(더불어민주당) 지지자들이 '문재인 프레지던트'를 줄여서 부르던 애칭.

딴지일보 게시판		조선일보 게시판	
단어	유사도	단어	유사도
민주당	0.64667	지지하지	0.499961
민주	0.634945	우파	0.488703
민주진영	0.630147	보수	0.486295
문프	0.627294	대한민국	0.475867
당	0.620511	남한	0.473757
지지자	0.612315	국가와	0.466474
지지	0.605704	대다수	0.466189
비판적	0.604984	지지하는	0.463455
열성	0.602727	보수우익	0.461603
정치	0.597302	애국	0.456916
문재인대통령	0.596911	성원	0.455868
문재인	0.592435	박근혜님	0.452467
당원	0.584723	남북한	0.448602
흔들리지	0.583864	인정	0.447712
중도	0.581576	진보지지	0.438466
속지	0.580484	우익	0.438466
국민	0.579381	당신	0.43782
지역주	0.577752	호응	0.428765
깨어있	0.57726	한국	0.42683

<표 2> '우리', '지지'를 넣어 분석한 유사도 높은 단어들

자주 등장하는 것으로 나타난다. 딴지게시판 사용자들의 정치적 지지 성향, 당파성을 추정할 수 있게 해준다.

반면 조선게시판 수집 글을 대상으로 '우리'와 '지지' 단어와 유사도 높은, 즉 문장에서 같은 자리 또는 옆 자리에 자주 등장하는 단어의 순위를 매겨 나열해 보면 '우파', '보수', '보수우익', '박근혜님', '우익', '애국', '보수층' 등의 단어가 등장한다. 조선게시판의 정치적 성향과 당파성을 짐작케 하는 결과다.

다음은 딴지게시판과 조선게시판에서 각각 '우리' 또는 '지지'라는 단어가 들어간 글들을 가져온 사례이다.

<딴지일보 자유게시판>

651222954(게시글 번호)

2020-11-06(작성일자)

헐 이때가 싶어 민주당 욕하는 인간들이 왜 이리 많지? 바퀴벌레 기어 나오듯 스믈스믈 기어나오네. 개중에는 오리지날 민주당 지지자도 있지만 대부분 갈라치기입니다. 우리 말고도 민주당 욕하는 사람들 많습니다. 뭘 우리까지 나서서 잘하고 있는 민주당 욕합니까? 지금은 욕할때가 아니라 힘 실어 줄때입니다. 나중에 안정되면 그때 욕해도 늦지 않아요. 아니 솔직히 열심히 해도 이쪽 저쪽에서 공격들어 오는데 옆에서도 욕하면 힘나겠어요? 힘내라고 응원을 해줘도 모자를 판에 막말로 국짐당 지지자 아니구 누가 민주당 욕합니까 욕할꺼 있으면 어느 정도 정리 되고 나서 욕해요. 지금은 응원해 줄 타이밍.

673489754(게시글 번호)

2021-03-24(작성일자)

국힘당 지지자들 요즘 환장하겠네요. 민주당이 이렇게 화력이 좋은
지 몰랐습니다 매일매일 터지는 비리 국힘당 지지자들 환장하겠네요.
쉴드도 한 두번이지 이렇게 계속 매일 새로운 게 생기면 진짜 환멸이
느껴지다가 좀 있음 공황장애가 오겠네요.

딴지게시판에서 가져온 두 게시글은 모두 더불어민주당과
당시 문재인 정부를 '자신의 편'으로 인식하는 어법을 사용하
고, 그중 하나는 상대 정당을 조롱·비난하는 뉘앙스를 담고
있다.

<조선일보 토론마당 정치마당>

1375258(게시글 번호)

2018-08-01(작성일자)

지금 문가가 하는걸 보면 참 박근혜대통령님이 나랏일 하나는 똑소
리나게 참 잘했다는 크나큰 비교가 되지 않습니꺄? 역쉬 짝퉁은 짝퉁
답게 짝퉁으로서 짝퉁의 진가를 발휘 하는구나 진짜 대통령을 저렇게
강제로 가둬놓고 휴가를 가고 쩝쩝거리며 실실 쪼개고 다니는걸 보면

참 사람의 탈을 쓴 악귀라 하지 않을 수가 음땅개 존롸도야 앙그냐?

1430049(게시글 번호)

2019-11-01(작성일자)

지금의 황교안 대표로는 총선 참패다. 21대 총선은 대한민국의 사활이 걸린 결전장이다 친북좌파의 장기집권구축이냐 단절이냐는 절체절명의 한판승부다 민주당과 한국당의 대결이다. 한국당의 승패에 따라 대한민국의 운명이 좌우된다는 것은 이미 상식이다. 그러나 한국당의 승리는 거의 가망이 없다. 탄핵이후 단 한 번도 집권여당인 민주당을 앞서기는커녕 오차범위 내에서 접전을 벌린 적도 없다. …(중략)… 대한민국이 나락으로 떨어질 직전인데도 또 출마하겠다는 철면피 소굴의 한국당을 누가 지지하겠는가. (후략)

조선게시판에서 가져온 두 글은 당시 야당(국민의힘)을 자신의 편으로 인식하고 걱정하거나 당시 문재인 정부와 여당을 비난하는 내용을 담고 있다. 두 게시판 사용자들이 각각 자신의 진영과 지지 정당, 상대 진영과 정당에 대해 취하는 태도를 적절히 보여주는 동시에 각 게시판이 가진 당파성을 확실히 보여주고 있다. 다시 말해, 내가 지지를 보내며 '우리'로 인식하는 집단이 어디인지, 그 감정적·정서적 일체감에 대해 알

딴지일보 게시판		조선일보 게시판	
단어	유사도	단어	유사도
이명박	0.881502	문대통령	0.649286
박그네	0.817406	재인	0.644953
최순실	0.741947	문통	0.566559
그네	0.731781	문가	0.548475
쥐닭	0.714634	문재인의	0.512716
전두환	0.681766	무능한	0.499182
박정희	0.671026	문주사빨	0.477122
근혜	0.669619	주적	0.475514
노태우	0.669076	여당은	0.475204
김영삼	0.66592	유한하나	0.467646
닭년	0.65436	이념에	0.459237
닥그네	0.651991	뭉가	0.456165
닭그네	0.65436	바뀌면	0.454896
국정농단	0.632832	민재인	0.45485

<표 3> '박근혜'(딴지), '문재인'(조선) 단어 유사도 순위

수 있다는 것이다.

이제 상대에 대한 반감 또는 혐오는 어떠한지 알아보자.

<표 3>은 딴지게시판에서 상대 진영의 전 대통령 '박근혜'라는 단어와 유사도가 높은 단어를 분석해 순서대로 나열한 것과 그리고 조선게시판에서 당시 상대 진영의 현직 대통령 '문재인'이라는 단어와 유사도가 높은 단어를 찾아내 순서대로 나열한 것이다.

먼저 딴지게시판에서 '박근혜'와 유사도가 높은 단어를 보면, '이명박' 등 같은 정당의 앞선 대통령 이름이나 '전두환', '박정희', '노태우', '김영삼' 등 보수 진영의 전 대통령 이름도 많이 등장하나, '박그네', '닭그네' 등 박근혜 전 대통령의 멸칭[61] 등도 높은 유사도를 갖고 순위에 등장하고 있다.

조선게시판 게시글에는 '문재인'과 유사도를 갖는 단어로는 '문통', '문대통령' 등 일반적인 명칭도 등장하지만 '문가', '문주사빨', '뭉가' 등의 멸칭 그리고 '무능한', '주적' 등 무시하거나 공격하는 표현을 담은 단어가 많이 등장하는 것을 볼 수 있다.

단순히 특정 정당·진영을 지지하는 수준이 아니라 상대 진영과 정당, 해당 정당이 배출한 대통령에 대한 적대감이나 부정적 감정도 상당히 광범위하게 분포하고 있다는 점을 알 수 있다.

[61] 경멸하는 표현이다.

강화되는 편견, 커지는 부정적 감정

고선택 미디어 환경, 특히 뉴미디어·소셜미디어의 활용이 많아지면, 자발적/비자발적인 선택적 노출이 심화되고 확증편향이 일어난다. 그리고 이런 상황에서는 오류를 교정하는 정보가 들어와도 자신의 잘못된 지식을 수정하지 않고 오히려 자신의 오류를 강화하는 '역화 효과'가 일어난다. 또한 이러한 사실을 검증하기 위해 인터넷 커뮤니티·게시판 등에서는 균형과 합리성을 갖춘 글보다는 감정적이고 부정적인 글이 더 지지를 받으며, 커뮤니티 이용자들의 정치적 입장과 태도가 동질화된다는 기존의 분석 결과를 제시하기도 했다.

그렇다면, 당파성이 강한 두 커뮤니티(딴지와 조선) 게시판 이용자들이 수년 간 작성한 게시글을 추적·분석한다면 부정적 감정을 드러내는 어휘와 표현이 더 강화되고 있을 것이라는 예측을 해볼 수 있다. 그리고 감성 분석 결과 사실로 드러났다. <그림 10>과 <그림 11>은 양 게시판 각 게시글의 긍정어 수 대비 부정어 수 비율을 측정하는 방식[62]으로 앞서 서술한 3년 간의 기간(2018년 6월 1일부터 2021년 6월 31일까지) 동안 올

---

62 긍·부정 판단 및 점수를 계산하기 위한 감성사전은 '군산대 감성사전'을 썼다.

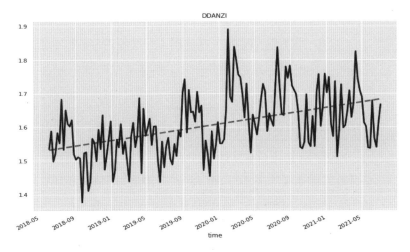

<그림 10> 딴지게시판의 부정어 증감 패턴(2018년 6월~2021년 6월)

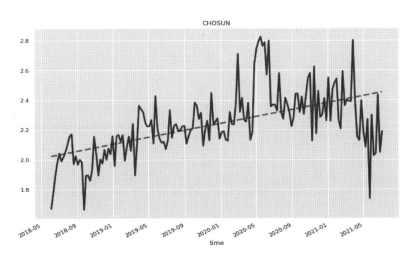

<그림 11> 조선게시판의 부정어 증감 패턴(2018년 6월~2021년 6월)

라온 글을 분석해 주 단위로 평균치를 낸 결과다.[63]

<그림 10>에서 딴지게시판 게시글의 긍정어 수 대비 부정어수는 증감을 거듭하고 있기는 하나 가운데를 지나는 선을 그어 보면 장기적으로 증가하는 추세가 나타난다. <그림 11>에서도 조선게시판 게시글의 긍정어 수 대비 부정어 수도 단기적으로는 증감을 거듭하는 것처럼 보이지만 시간이 지날수록 증가하는 추세가 보인다. 즉, 수년 간 같은 커뮤니티, 같은 게시판에 모여 여러 가지 민감한 정치적 사건을 겪다보면 상대에 대한 분노가 커지고 부정적인 감정을 표출하는 글의 수가 더 늘어난다는 걸 알 수 있다. 이른바 온라인 커뮤니티의 '에코챔버' 효과가 잘 드러난 것이다. 이는 온라인 세계에서 벌어진 '거대한 분리' 현상을 제법 잘 보여주고 있기도 하다.

그럼 이제 이러한 분리된 세계에서 집중적으로 공유되는 '편향된' 콘텐츠나 기사를 개인들이 가장 먼저 접하는 곳, 소셜미디어와 유튜브 등이 만들어내는 필터버블이 국민들의 정서적 양극화에 영향을 끼치고 있는지도 살펴보자.

2020년 제21대 총선 관련 설문조사 자료 중, 한국정치학회·한국정당학회 공동 의뢰로 코리아 리서치가 진행한 '제21대

---

63 이와 관련한 내용은 고승연의 박사 논문 "한국 정당 지지층 유권자들과 정치엘리트의 정서적 양극화"(2022, 고려대학교)에 먼저 수록된 것들이다.

국회의원선거 유권자 정치의식조사' 문항 가운데 뉴미디어·기성미디어에 대한 신뢰 문항과 각 정당에 대한 호감과 반감 문항을 뽑아 분석해 봤다.

방법은 이렇다. 더불어민주당과 미래통합당(현 국민의힘)에 대한 호감/반감의 정도를 측정한 변수(아주 좋아함 10, 아주 싫어함 0)를 가지고 두 정당에 대한 감정(호감과 반감)점수를 **뺀** 뒤에 절대값을 취한다.

그럼 그 크기가 바로 '양대 정당 호감도 격차'가 된다. 이 격차점수를 '종속변수'로 놓고 다른 다양한 변수들(지역, 이념, 세대, 정당지지의 강도, 이념성향 극단성, SNS/모바일메신저/동영상사이트/팟캐스트가 포함된 '뉴미디어 신뢰도', 지상파/보도전문채널, 라디오, 신문이 포함된 기성미디어에 대한 신뢰도)을 독립변수로 삼아서 '회귀분석'을 해본 결과가 <표4>다.

상당히 단순한 통계분석이지만, 통계학이나 통계분석 방법론에 익숙하지 않은 사람들에게는 다소 어렵거나 생소하게 들릴 수 있다. 사실 앞의 복잡해 보이는 설명은 그냥 잊어도 된다.

중요한 건 **양당 호감도 격차**에 **뉴미디어 신뢰도**가 통계적으로 유의미한 영향을 끼치는 변수로 검증이 됐다는 것이다.

	(1)	(2)	(3)
	양당 호감도 격차	더불어민주당 호감도	미래통합당 호감도
상수	0.576 (0.580)	6.013** (0.458)	1.841** (0.486)
민주당 지지 강도	0.763** (0.069)	0.673** (0.051)	-0178* (0.055)
미래통합당 지지 강도	0.6** (0.079)	-0.444** (0.059)	0.809** (0.062)
이념적 극단성	0.666** (0.047)		
이념		-0.319** (0.028)	0.387** (0.03)
기성미디어 신뢰도	0.126 (0.144)	0.071 (0.105)	0.002 (0.112)
뉴미디어 신뢰도	0.229* (0.110)	0.094 (0.080)	0.254* (0.085)
호남	1.132** (0.167)	0.727** (0.17)	-0.74** (0.180)
영남	-1.184** (0.167)	0.130 (0.122)	-0.039 (0.129)
연령	0.034 (0.063)	0.046 (0.046)	-0.097* (0.049)
교육수준	-0.076 (0.086)	-0.104 (0.063)	-0.074 (0.067)
소득	0.096 (0.058)	0.101* (0.042)	0.011 (0.044)
자산	-0.111* (0.037)	0.019 (0.027)	0.066* (0.029)
N (조정된) R^2	940 0.435	940 0.643	940 0.619

참조: *=p<0.05, **=p<0.01. 괄호 안의 수치는 로버스트 표준오차(robust standard error)이다

<표 4> 정서적 양극화에 뉴미디어 신뢰도가 미친 영향(OLS)

이제 우리는 '뉴미디어(SNS/동영상사이트/ 팟캐스트/모바일메신저)'를 잘 믿는 사람들이 뉴미디어가 만드는 필터버블 때문에 더 극단적으로 상대 진영, 자신과 생각이 다른 사람들에 대한 반감을 갖게 된다는 걸 확인한 것이다.

이번엔 가장 최근 데이터로 분석한 결과를 알아볼 것이다.[64]

2022년 6월, 대선과 지방선거까지 끝난 뒤에 진행한 '양극화에 대한 일반국민 인식조사' 결과를 토대로 같은 분석을 해봤다. 이 조사에서는 유튜브 신뢰도, 지상파 TV 신뢰도, 주요 신문 신뢰도 등을 측정한 결과가 있다.

<표 5>는 앞선 분석과 똑같이 '양당 호감도 격차'를 종속변수로 놓고 지역, 연령, 정당지지 강도, 이념 성향 극단성 그리고 유튜브 신뢰도, 지상파 TV 신뢰도, 그리고 주요 신문 신뢰도 등을 독립변수로 삼아 회귀분석을 한 결과다. 이번엔 주요 신문에 대한 신뢰도가 높을수록 호감도 격차는 낮게 나왔다. 즉, 좀 더 차분한 매체인 신문을 신뢰하는 사람들은 타 정

---

64 한국정치학회 의뢰로 리서치앤리서치가 수행한 설문조사다.

당에 대한 무조건적인 반감이나 혐오감을 드러내지 않는다는 뜻이다.

이 조사에서는 타 정당 지지자에 대한 적대감을 묻는 문항도 있었다. 그 문항 점수를 종속변수로 놓고 분석했다. <표 5>의 (2)를 보면, 지상파 방송에 대한 신뢰도가 높을수록 적대감이 낮았고, 유튜브를 신뢰할수록 적대감이 커지는 것으로 나타났다. 다시 말해, **지상파를 신뢰하는 사람들은 상대 진영/다른 정당 지지자를 미워하거나 싫어하는 정도가 낮았고, 유튜브를 신뢰하는 사람들은 상대 정당/진영 지지자들에 대한 반감이 더 컸다는 의미**다.

앞에서 수차례 이론적으로 설명해 왔던 '필터버블'과 그러한 필터버블이 만들어내는 정서적 분리/감정의 극단화가 어느 정도 검증된 셈이다. 지금까지 알고리즘에 의해 디지털 세계에서 비슷한 생각을 가진 사람들끼리 비슷한 뉴스를 끊임없이 보고 공유하며 더욱 동질화되고, 극단적이 되는 디지털 게리맨더링에 대해 알아봤다. 그리고 이러한 디지털 게리맨더링을 만들어내는 뉴미디어 선동가와 정치·경제·사회 영향력자/권력자들에 대해서도 논의했다. 또 그러한 현상이 나타나는 이유에 대한 이론적 설명을 제시하기도 했다.

이제 유권자들의 표를 의식하고, 유권자들에게 영향력을 행사하는 동시에 그들로부터 영향을 받기도 하는 정치인들은

	(1)	(2)	(3)	
	양당 호감도 격차	타 정당 지지자에 대한 적대감	더불어민주당 호감도	국민의힘 호감도
상수	9.410 (5.873)	10.192 (0.575)	28.395 (5.440)	-0.085 (5.159)
민주당 지지 강도	11.646** (0.845)	0.067 (0.083)	12.625** (0.719)	-3.616** (0.682)
국민의힘 지지 강도	11.281** (0.871)	0.082 (0.085)	-3.629** (0.757)	11.147** (0.718)
이념적 극단성	5.573** (0.515)	0.127* (0.05)		
이념			-1.313** (0.376)	2.197** (0.357)
유튜브 신뢰도	1.818 (1.133)	0.355* (0.111)	1.230 (0.968)	0.566 (0.918)
지상파 방송 신뢰도	-1.006 (1.225)	-0.595** (0.120)	4.476** (1.1057)	0.049 (1.003)
주요 신문 신뢰도	-2.497* (1.170)	-0.186 (0.115)	0.051 (1.017)	7.446** (0.964)
호남	2.258 (2.519)	-0.419 (0.247)	0.449 (2.173)	1.233 (2.061)
영남	2.841 (1.721)	-0.225 (0.169)	0.959 (1.483)	2.626 (1.407)
연령	0.101 (0.052)	0.002 (0.005)	-0.108*	0.088* (0.43)
교육수준	-0.835 (0.795)	0.093 (0.078)	-0.628 (0.686)	-1.309* (0.651)
소득	-0.090 (0.340)	0.041 (0.033)	-0.306 (0.293)	-0.123 (0.278)
자산	0.364 (0.262)	-0.033 (0.026)	0.446 (0.026)	0.289 (0.214)
N	1035	1035	1035	1035
(조정된) R^2	0.34	0.056	0.519	0.605

참조: *=p<0.05, **=p<0.01. 괄호 안의 수치는 로버스트 표준오차(robust standard error)이다

<표 5> 정서적 양극화에 매체 유형별 신뢰도가 미친 영향(선형 회귀 분석)

주로 이성의 영역인 '이념'을 중심으로만 갈등하고 있는지, 그들에게도 정서적 양극화가 나타나지는 않는지 궁금해질 수 있다. 이를 간접적으로나마 알아보고 궁금증을 해소하기 위해 국회윤리특위에 제출된 징계안을 조사해 그 내용을 분석해봤다.[65]

국회윤리특위[66]는 13대 국회 국회법 개정에서 만들어진 '상설특별위원회'로 국회의원의 '자격심사'와 '윤리심사'를 맡아왔는데, 2018년 7월 비상설특별위원회로 전환됐다. 국회의원 자격의 심사란 헌법상 의원으로서의 지위를 보유하는 데 필요한 자격이 있는지, 즉 불법/편법/비윤리적 행태로 인해 자격에 문제가 없는지 심사하는 것이며, 윤리심사란 원내 질서를 문란하게 하거나 국회의원으로서 그 품위와 위신을 훼손시키는 언행을 한 의원에 제재를 가할지 여부를 심사하는 것이다. 명백한 기소나 언론보도를 통해 알려진 불·편법 행위, 비윤리적 행위에 대한 혐의가 아닌 막말과 인신공격 등을

---

65   고승연의 박사 논문 "한국 정당 지지층 유권자들과 정치엘리트의 정서적 양극화"(2022, 고려대학교) 4장에서 주로 다뤄진 내용이다. 특히 논문 4장에서는 실제 국회 상임위원회 회의록에 대한 텍스트마이닝을 통해 감정적으로 격한 대립이 의원들이 사용하는 언어상에 드러나는지를 검증하기도 했는데, 지나치게 학술적인 내용이라 이 책에는 싣지 않았다.

66   기간은 의원 간 이념적 양극화가 나타나고 뉴미디어가 등장하기 시작해 유권자들 사이에서 이용이 활발해진 시점인 18대 국회부터 20대 국회까지로 선정했다.

포함하는 언어적·물리적 폭력은 '자격심사'가 아닌 '윤리심사'를 요청하는 징계안 제출로 이어진다. 이러한 윤리심사를 위한 징계안 제출은 그 특성상 상임위원회나 특별위원회 혹은 본회의 등에서, 의원 간 언쟁과 공방 속에서 감정적 대립이 발생해 '폭언' 등이 오간 뒤에 이뤄지기 마련이다. 이러한 **징계안 제출이 늘어난다는 것은 의회 내에서의 의원 간 이념적 대립과 토론이 아닌 감정적 대립과 언쟁이 심화되고 있다는 것을 보여주는 근거**가 될 수 있다.

2008년 5월 말부터 2012년 5월까지 18대 국회의원 임기동안 올라온 징계안은 총 51건이며, 2012년 5월 말부터 2016년 5월까지 19대 국회의원 임기 동안의 징계안은 총 37건, 2016년 5월말부터 2020년 5월까지 20대 국회 기간 중 제출된 징계안은 총 47건이다. 총 징계안 제출 수만 놓고 보면 18대 국회에서 여야 의원 간의 갈등이 가장 컸으며, 19대 국회에서는 다소 줄었다가 20대 국회에서 다시 격화된 것처럼 보인다. 그러나 실제 제출된 징계안의 세부 내용을 보면 다른 패턴을 보인다.

3대 국회의 모든 징계안을 검토한 결과 제출된 징계안은 크게 5가지로 분류된다. 하나는 불·편법 의혹이나 혐의 또는 도덕성에 의심을 품을 만한 사건으로 기소되거나 언론에 보도가 된 경우(이하 불·편법 혐의/도덕성 등)로 '자격심사'에 해당하

	18대 국회 ('08. 5~'12. 5)				19대 국회 ('12. 5~'16. 5)				20대 국회 ('16.5~'20.5)			
	20 08	20 09	20 10	20 11	20 12	20 13	20 14	20 15	20 16	20 17	20 18	20 19
연도별 징계안	12	14	21	4	6	22	6	3	10	9	4	24
사유① 불·편법 혐의/ 도덕성 등	0	0	2	0	1	4	2	2	0	0	2	8
사유② 회의 진행 방식 등에 대한 문제 제기와 정치적 항의	3	8	8	0	1	0	0	0	1	0	0	1
사유③ 당론/정책/이념에 따른 물리적 충돌	3	4	4	2	0	0	0	0	1	0	0	0
사유④ 감정싸움에 의한 폭력/폭언	5	0	5	2	2	9	2	0	5	9	1	9
사유⑤ 상대방 부정/색깔론	1	0	2	0	2	9	2	1	3	0	1	6
임기 내 징계안 제출 수	51(사유④⑤: 15)				37 (사유④⑤: 27)				57(사유④⑤: 34)			

<표 6> 18대-20대 국회윤리특위 징계안 제출 건수

우리가 싸우는 이유

는 징계안들이다. 2010년 강용석 당시 한나라당 의원이 '아나운서 비하 발언'[67]을 해 사회적 물의를 일으키자 민주당 의원들이 징계안을 제출한 것, 2013년 1월 '친족 성폭력' 혐의 관련 당시 새누리당 김형태 의원에 대한 징계안을 민주당 의원들이 제출한 것, 2013년 이석기 당시 통합진보당 의원에 대해 '종북 및 반란모의' 등과 관련해 새누리당 의원들이 징계안을 제출한 것, 2021년 5월 자녀소유 회사 비상장 주식 관련 '백지신탁 의무 위반' 혐의 등으로 민주당 이상직 의원에 대해 국민의힘 의원들이 징계안을 제출한 것 등이 대표적인 사례들이다.

나머지 넷은 '윤리심사'에 해당될 수 있는 것으로 첫째는 **회의 진행 방식 등에 대한 문제 제기를 하며 정치적 항의**(이하 '회의 진행 방식 등에 대한 문제 제기와 정치적 항의')의 성격으로 징계안을 제출하는 것이다. 이러한 징계안의 대표적 사례를 보면, 2009년 민주당 의원들이 고흥길(한나라당 소속) 문화체육관광위원회 위원장이 상임위 회의를 편파적으로 진행한다며 항의 표시로 제출한 징계안, 2010년 추미애(민주당 소속) 환경노동위원회 위원장이 회의를 편파적/파행적으로 진행한다며 제출된 징계안 등이 있다.

67　2010년 7월 국회의장배 전국대학생토론회 뒤풀이 자리에서 아나운서를 지망하는 여대생에게 "아나운서로 성공하기 위해서는 다 줄 생각을 해야 한다" 등의 발언으로 사회적 물의를 일으키고 기소된 사건.

둘째는 **당론/정책/이념에 따른 의원 간의 물리적 충돌**에 의한 징계안 제출이다. 이 경우는 의원 간의 물리적 충돌이 일어날 경우 사법처리를 하도록 규정한 '국회 선진화법'이 시행되기 시작한 19대 국회 이후에는 단 한 번만 존재한다.[68]

세 번째는 당론/정책과 무관하게 **의원 간 감정싸움의 성격으로 상대당에 대한 물리적/언어적 폭력**(이하 '감정싸움에 의한 폭력/폭언')이 오간 경우다. 2013년 김진태 새누리당 의원이 정청래 민주당 의원에게 "왜 반말이야? 나이도 어린 것이", 박범계 민주당 의원에게 "장물을 조작해 팔아먹는다" 등의 인격모독 발언을 한 것에 대해 민주당 의원들이 제출한 징계안, 2017년 곽상도 당시 자유한국당 의원이 민주당 이재정 의원에게 "무식한 게 자랑이 아니다, 나이가 들었으면 철 좀 들어라" 등의 폭언을 해 제출된 것 등을 예로 들 수 있다.

네 번째 경우는 **상대방의 존재 근거를 공격하거나 부정하는 발언, 색깔론**(이하 '상대방 부정/색깔론')으로 '토착왜구', '간첩', '친일파', '빨갱이' 등으로 상대를 표현하는 것 등이다. 2014년 하태경 당시 새누리당 의원이 당시 야당(민주당) 의원

---

68 국회 선진화법 시행 이전까지는 주로 대립이 첨예한 법안의 통과를 둘러싸고 여야가 대치하는 과정에서 여야 의원들 간의 몸싸움 등 물리적 충돌이 자주 일어났으며, 이는 의원들 간의 감정적 대립에 의해서 발생한 것이 아니라 철저히 당론에 따른 집단행동의 과정에서 나타난 것이었다.

을 향해 "북한정권의 남자 대변인, 김정은 정권의 십상시" 등의 색깔론에 기반한 막말을 한 것에 대해 제출된 것, 2015년 강동원 민주당 의원이 국회 대정부 질의 과정에서 "박근혜 정권은 뼛속까지 친일의 피가 흐르는 친일파의 후예들이 권력의 중심에서 역사를 왜곡하는 정권" 등의 상대의 존재를 부정하는 폭언을 해 제출된 징계안 등이 있다.

<표 6>을 보면 18대 국회에서 제출된 총 51건의 징계안 중 개인적인 비위/사회적 물의 등으로 인한 징계안 즉, '불·편법 혐의/도덕성 등'(사유①)의 건수는 2건이었고, 당론과 정책/이념 대결 과정에서 벌어진 정치적 행위와 '국회 선진화법' 시행 이전까지 일상적으로 진행된 단상점거/농성 및 물리적 충돌에 해당하는 사유②(회의 진행 방식 등에 대한 문제 제기와 정치적 항의)와 사유③(당론/정책/이념에 따른 물리적 충돌)에 따른 징계안 제출 건수는 각각 19건, 13건이었다. 당론/정책/이념대결과 무관한 의원 개인 간의 감정적 대립과 폭언 등으로 분류할 수 있는 사유④(감정싸움에 의한 폭력/폭언)와 사유⑤(상대방 부정/색깔론)에 의한 징계안 제출 건수는 각각 12건과 3건으로 15건에 불과했다. 그런데 19대 국회에서는 '감정적 대립에 따른 폭언과 상호 비방'이라 보기 어려운 사유①②③을 제외한 사유④⑤에 의한 징계 건수가 각각 13건과 14건으로 총 27건으로 증가한다. 20대 국회에서는 총 57건의 징계안 제출 건수 중 무

려 34건이 사유④와 사유⑤에 의한 것으로 다시 한번 증가했음을 알 수 있다.

　지금까지 한국에서도 미국과 같은 '거대한 분리'가 온라인상에서 일어났는지를 살펴보았고, 소셜미디어가 넘쳐나는 고선택 미디어 환경에서 실제로 필터버블이 존재하고, 이러한 필터버블은 우리의 정서적 양극화 또는 극단화를 만들어내고 있는지 각종 통계분석과 빅데이터 감성 분석을 통해 검증해볼 수 있었다. 또 유권자들과 영향을 주고받는 국회의원 등 정치인들 사이에서도 **감정적 대립**이 심해지고 있는지를 알아보기도 했다.

　다음 장에서는 지금까지 살펴본 세대 간 차이, 세대 내 차이와 시대 충돌, 그리고 알고리즘을 바탕으로 20대 대선에서 우리의 소셜미디어/커뮤니티 활동을 통해 심화된 디지털 게리맨더링이 어떻게 작동했는지 살펴볼 것이다.

조직 리더들을 위한 제언 3
정서적 양극화 시대의 조직 관리 방법

본래 정치조직, 사회운동단체 등이 아니라면, 정치적 성향과 지지하는 정당·정치인 등에 관련한 대화는 조직 내에서 금기시되기 마련이다. 특히 한국에서는 더욱 그렇다. 간혹 '꼰대' 기질을 가진 임원이나 관리자가 자신의 가치관과 정치 성향 등을 강요하는 경우도 있지만, 그건 그 자체로 문제시되고 있는 추세다. 하지만 회사나 조직 내에서의 업무와 대화를 제외하고는 다수의 직원들, 젊은 세대는 젊은 세대들대로 기성세대는 기성세대대로 각자의 스마트폰을 들고 각자의 커뮤니티, 소셜미디어 등에서 활동하고 유유상종하며 '필터버블'과 '에코챔버'에 갇혀서 지내고 있는 상황에서, 아무런 충돌과 갈등이 없는 상황이 계속될 수 있을지는 의문이다. 기업의 리더들이, 조직의 관리자들이 갈등과 충돌의 가능성을 염두에 두고 실제 문제가 벌어졌을 때 어떻게 수습할지, 어떻게 대처할지 고민은 하고 있어야 한다는 뜻이다.

전 세계 선진국, 선진 기업 어디에서나 잠재된 문제

예전처럼 모두가 대중 매체, 매스커뮤니케이션 미디어를 통해 거의 비슷한 뉴스를 접하고 유사한 논평을 보던 시절에는 생각의 차이는 존재했으나 그 간극은 그리 크지 않았다. 하지만 지금 이 시대에는 같은 뉴스를 듣더라도 해석하는 관점 자체가 엄청나게 다르며, 대부분은 아예 다른 뉴스를 접하고 산다. 본문에서 지속적으로 강조했듯 **사는 세계**가 다른 것이다.

물론 이러한 미디어 필터버블과 에코챔버의 문제는 한국에서만 나타나는 게 아니다. 선진국 보편의 현상이다. 물론 한국에서는 주로 '페미니즘'을 둘러싼 갈등, '전통적 진보/보수 이념', '북한에 대한 태도' 등이 현재까지 주된 이슈이지만, 미국이나 유럽에서는 '미투운동'과 같은 성차별·성폭력 이슈 이외에도 이민 문제, 인종차별 문제, 기후변화 대응 이슈 등*을 놓고도 극명하게 대립하는 의견들이 존재하며, 이러한 각 이슈에 대한 입장이 고선택 미디어 환경에서 더 강화되고 극단화되고 있다.

글로벌 경영전문지 하버드비즈니스리뷰(HBR)가 이 문제를 진지하게 꽤 자주 다루고 있는 이유다. 그중에서 특히 한국어판 기준 2022년 3~4월호에 실린 "양극단의 인력, 어떻게 관리할까"라는 기사는 다소 '서구식 해법'이기는 하지만 읽어볼 가치가 있다. 이 아티클에서 저자 프란체스카 지노(Francesca Gino) 하버드대 교수 등은 '미투 운동', '흑인의 생명은 소중하다(Black Lives Matter)'와 같은 운동이나 정치를 둘러싼 긴장이 고조되면서 직장 내 양극화 현상이 그 어느 때 보다 심각해졌다고 말한다. 그리고 리더뿐 아니라 많은 직원들이 이러한 가치나 정치사회 이슈에 대한 의견 불일치 문제를 처리할 방법을 잘 몰라서 회피하고 있다고 지적한다.

저자들은 해결책으로 조직에서 다른 사람과의 의견 충돌에 대한 두려움을 해소하고, 반대 의견을 이해하며 경청하려고 노력하는 사고방식을 기르며, 토론 중 단어 선택에 신중을 기해 발언하도록 교육해야 한다고 주장한다. 이어 관점이 다른 동료들을 수용하는 전반적인 기업 문화를 조성해야 한다고 덧붙인다. 구체적으로 어떤 모임을 만들어서 어떤 방식의 커뮤니케이션을 시도하면 좋을지 자세히 설명해 놓고는 있지만, 필자가 보기에 한국 기업의 현실과 썩 잘 맞지는 않는 것도 사실이다. 그러나 적용할 수 있는 부분이 아예 없는 것도 아니다. 이 저자들의 제안과 평소 필자가 전문가들과 이 문제에 대해 논의한 내용을 바탕으로 다음과 같이 한국 기업에서 '정서적으로 양극화된 직원들의 관리 방법'을 제안해 보고자 한다.

한국 기업에서 '정서적 양극화' 시대에
직원을 관리하고 문제를 해결하는 법

1) 굳이 수면 위로 올리지 마라!

일반적으로 '엄근진(엄격·근엄·진지)'한 미국 경영전문지나 학술지, 한국의 여러 경영 관련 서적에서는 조직 내에서 어떤 문제든 그 문제가 생기면 이를 수면 위로 올려 차분히 해결하라는 조언이 많이 나온다.

그러나 한국이라는 나라의 특성과 '한국 기업 특유의 조직문화'를 고려한다면, 정치·경제·사회 관련 이슈와 관련된 의견 표출은 최대한 드러나지 않도록 하는 게 낫다. 일단, 한국 기업과 조직들 그리고 많은 리더들은 업무나 인사관리와 직결된 갈등과 이슈조차 공식적으로 차분하게, 한 명의 누군가에게 책임을 뒤집어씌우지 않고 합리적으로 책임 소재를 정리하는 것에 매우 서투르다. 업무 관련성이 높은 이슈나 문제를 다룰 때에도 이럴진대, 정치적으로 사회적으로 민감한 이슈와 관련된 조직 내 의견충돌, 사람들 사이의 갈등은 수면 위로 올리는 순간 다수의 임직원과 조직 그 자체가 상처만 입고 문제는 해결되지 않은 채 어영부영, 유야무야 문제가 덮일 가능성이 높다. 그리고 언제든 다시 불붙을 수 있는 폭탄처럼 조직 내 잠재하게 될 것이다.

2) 문제가 불거졌다면, 경영전문가들이 제시하는 원칙대로만 하라!

사전에 공식적인 문제로 불거지거나 수면 위로 갈등이 떠오르지 않도록 막는 데 실패했다면, 이제부터는 오히려 가장 원칙에 가까운, '엄근진'한 방법으로 대응해야 한다.

일단 한국의 회사나 조직에서 '정치적 견해, 사회 문제에 대한 자신의 가치 판단'이 대화나 갈등의 중심에 있어서는 안 된다는 점을 먼저 상기시키자. 갈등의 당사자가 있다면 두 당사자에게는 이에 대한 동의와 재발 방지에 대한 합의를 받아내도록 하자. 그리고 이와 관련해 조직 전반에 문제의식을 공유하고 다양한 방식으로 교육을 진행해야 한다.

앞서 소개한 HBR 기사에서 지노 교수 등은 정치·경제·사회적으로 민감해 갈등이 불거지기 쉬운 대화가 어떤 계기로든 시작되고 나면 반드시 다음과 같은 대화 방식으로 진행되도록 조직원들을 교육해야 한다고 말한다. 가장 민감한 이슈와 갈등에 적용이 되는 것이니 만큼 업무 관련성 대화에서 강조되는 '명쾌함'과 '강한 설득력'을 줄이고 '수용성'을 높이는 대화 방식이다.

갈등 상황이 조직에 피해를 주지 않도록 하는 법
(HBR Korea 2022년 3~4월호)

① 주장의 완곡한 표현

'가끔'이나 '자주' 같은 단어를 사용해 주장을 완곡하게 표현한다. 의심의 여지가 있음을 인정하면 겸손함을 내비치고 상대방의 주장이 타당할 수 있음을 인식한다는 점을 당사자에게 전달할 수 있다. 또한 온건하고 사려 깊은 인상을 줄 수 있다.

예시) "…은 가능성이 있다고 생각합니다.", "이런 일이 발생할 수 있는 이유는…", "어떤 분들은…라고 생각하시는 경향이 있습니다."

② 동의를 강조

곧바로 나의 관점을 뒷받침하는 증거를 제시하기 전에 상대방과 입장을 같이하는 부분을 먼저 짚어준다. 예를 들면 '우리는 공통적으로 사람이 공정한 대우를 받는 더욱 안전한 나라를 원하고 있습니다'라고 말하는 식이다. 이것은 타협이 아니라 모든 토론에 다양한 측면이 있음을 단순히 인정한다는 뜻이다. 이렇게 하면 부드러운 대화 분위기를 조성할 수 있다.

예시) "우리는 모두…을 원한다고 생각합니다.", "…라고 하신 말씀에 어느 정도 동의합니다.", "우리가 공통적으로 우려하는 바는…"

③ 다른 관점에 대한 인정

'…라고 생각하시는 점을 저도 이해합니다' 또는 '…라고 말씀하셨죠' 등과 같은 문구로 대화를 시작하라. 상대방의 말을 경청했음을 알려줘라.

예시) "…라고 이해하고 있습니다.", "…무슨 말씀이신지 알겠습니다.", "…한다는 말씀이라고 생각합니다."

④ 긍정적인 방향으로의 재구성

백신 접종을 반대하는 사람과 대화할 때 "백신을 맞지 않으면 절대 안전해질 수 없다"고 단정적으로 말하는 대신 "모든 사람이 코로나로부터 안전해지려면 백신을 맞는 것이 정말 중요하다"고 말한다. 긍정적인 언어를 사용하면 건설적인 분위기가 형성되며 상대방도 긍정적인 언어로 응대할 확률이 높다.

예시) "…면 좋다고 생각합니다.", "…면 정말 감사하다고 생각합니다.", "…면 정말 좋을 것 같습니다."

지금까지 어떤 방식으로 민감한 이슈, 정서적으로 양극화가 나타날 수밖에 없는 정치적, 사회적 문제에 대해 대화가 어떻게 이뤄지도록 해야 하는지, 어떤 교육이 필요한지를 정리했다.

그런데 이 모든 것에 앞서 한국 조직은 해결해야 할 문제가 있다. 점점 문제시되는 추세라고는 했지만, 여전히 많은 기업에서 중간관리자나, 임원, 팀장이나 실장 또는 대표가 자신의 정치적 입장이나 사회문제에 대한 판단과 가치관을 드러내고 동의를 강요하고 있다. 이는 정서적으로 양극화가 심해질 수밖에 없는 시대에 인사 관리 측면, 조직 관리 측면에서는 최악의 실수를 저지르고 있는 셈이다. 혹시 자신의 조직에 그런 문제가 없는지, 그런 시대착오적 입장을 강요하는 리더는 없는지부터 점검해 볼 일이다.

*미국과 유럽에서는 특히 첨단 IT 기업의 조직원들이 자신들이 추구하는 정치·경제·사회적 가치에 대해 대놓고 이야기하는 경우가 많아졌다. 예전에도 노조의 정치적 이슈에 대한 '투쟁' 등이 존재했으나 이는 노무 부서에서 노조라는 단일 조직을 상대로 협상하고 관리할 수 있었기에 아주 큰 문제는 되지 않았다. 이슈 자체도

비교적 단순했다. 하지만 최근 미국의 구글, 페이스북 등에서 나타나는 직원 행동주의(또는 구성원 행동주의)는 조직의 입장에서 이전의 노조 활동 이슈보다 훨씬 대처하기 어렵다. 일례로 2018년 11월, 전 세계 구글 직원들은 '고위 임원의 성추행 사건에 대한 회사의 은폐 의혹'에 문제를 제기하며 업무수행을 거부하고 가두시위에 나섰고, 같은 해 마이크로소프트사에서도 인명 살상을 위한 군사용 목적의 기술 제공에 반대하는 직원들이 '행동주의'에 따라 업무를 거부하거나 시위를 벌였다. 아마존에서는 2020년 '회사가 기후변화 예방에 적극적이지 않다'며 동참을 요구하는 행동주의 시위가 나타나기도 했다.

3

화해보다 중요한
공존의 기술

20대 대선이 드러낸
디지털 게리맨더링과 새로운 미세 균열선

"갤주 오늘도 찢었다!" vs. "개준스기가 이걸 해내네!"

앞의 두 문구를 읽고 도대체 이게 무슨 얘기인지 전혀 감이
안 오는 사람도 있을 것이고, '피식'하면서 당시 상황이 그려
지는 사람도 있을 것이다.

2021년 가을, 당시 여당이었던 더불어민주당에서 이재명
현 야당대표가 대선 후보로 결정되고, 당시 야당이었던 국민
의힘에서 윤석열 현 대통령이 후보로 결정됐다. 이후 대한민
국 온라인 커뮤니티는 크게 갈라져 각자 자신들이 중요하게
생각하는 이슈, 유리한 뉴스와 정보만을 취사선택해 공유하
면서 상대 진영과 후보에 대한 적대감을 높여가게 된다.

지금까지 알고리즘이 만들어내는 소셜미디어의 필터버블
과 온라인 커뮤니티의 에코챔버가 **정치적 양극화**를 야기함을
논의하였는데, 다양한 통계 분석과 빅데이터 분석을 통해 각

진영 지지자들 간의 상호 적대감 증폭을 확인할 수 있었다. 다시 말해, 주로 사용하는 소셜미디어와 주요 활동 커뮤니티 별로 쪼개져 '유유상종'이 형성되었고 '디지털 게리맨더링'이 만들어진 것이다. 결과적으로 20대 대선은 이러한 디지털 게리맨더링을 활용한 정치적 동원과 참여가 적나라하게 드러난 선거였다.

다시 첫 문장으로 돌아가보자.

'갤주'란 디시인사이드 '이재명갤러리'에 모인 유저들이 그 갤러리의 주인으로(주인공이 이재명 후보이기에) 이재명 당시 후보를 가리켜 부르던 호칭이다.

'개준스기'는 20대~30대 초반 남성들이 주로 활발하게 활동하던 커뮤니티에서 이준석 국민의힘 당시 당대표를 부르던 일종의 별칭, 애칭에 가까운 호칭이다.

"갤주 오늘도 찢었다"는 달변가인 이재명 당시 후보가 토론회나 TV 뉴스 프로그램, 각종 연설 등에서 좌중을 휘어잡았을 때 이재명갤러리에 도배되던 게시글의 제목과 내용이다.

보통 가수나 뮤지컬 배우, 댄서들이 엄청난 퍼포먼스를 보여줬을 때 하는 표현인 '무대를 찢었다'에서 가져온 표현이다.

"개준스기가 이걸 해내네!"는 20대 남성 중 과반 가까운 사람들이(그 진위 여부는 차치하고)중요하게 생각하던 문제이자 이슈인 '남성 역차별' 문제, 즉 그들 사이에서의 '공정'의 문제를 '여성가족부 폐지' 일곱 글자 공약으로 이준석 당시 국민의힘 대표가 만들어냈을 때 나온 '20대 남초 커뮤니티'의 열광적 반응이다.

21년 가을, 인터넷에선 무슨 일이?[69]

2021년 여름을 지나면서, 인터넷 하위문화의 발상지이자 여전히 그 근거지인 디시인사이드에 '이재명갤러리'가 생긴다. 이전부터 '이재명갤러리'는 존재했지만, 이름만 그랬을 뿐 사실은 '허경영갤러리'였다고 한다. 그러다가 진짜로 이재명 지지자들이(커뮤니티 특성상 주로 20대 남성들이었다) 마음먹고 들어가 탈환을 했다고 한다.

어쨌든 이재명갤러리가 활성화되면서 '이대남 모두가 이준석 당대표와 그가 속한 당에서 배출한 후보를 지지하지는 않는다'는 것도 드러났다.

물론 다수의 '개인화 세대의 남성', 즉 20대~30대 초·중반 남성들은 자신들의 커뮤니티 그리고 디시인사이드의 '새로운 보수갤러리', '국민의힘갤러리' 등에서 많이 활동하고 있었고, 디시인사이드상에서 다수를 점하고는 있었다.

원래부터 존재하던 더불어민주당갤러리(친 문재인, 친 민주당) 사람들과 이재명갤러리(반 문재인, 비 민주당, 친 이재명)는 일종의

---

69 이 당시 커뮤니티의 합종연횡과 지지성향 변화의 동학에 대해서는 필자가 정치행태 연구자로서 직접 디시인사이드 이재명갤러리/더민주갤러리, 더쿠, 딴지일보 자유게시판 등의 친 이재명/친 민주당 성향 커뮤니티와 새로운보수갤러리, 국민의힘갤러리, 펨코 등 친 윤석열/친 이준석/친 국민의힘 성향 커뮤니티를 5개월 동안(2021년 10월 초 ~ 2022년 3월 초) '참여 관찰'하면서 기록한 결과를 바탕으로 정리하고 해석했음.

신사협정을 맺고, 서로 성향에 안 맞는 사람들이 '입갤'(갤러리 활동을 시작한다는 의미)하면 각각 상대 갤러리로 안내해 주기로 한다.

이재명갤러리가 온라인에서 화제가 되자, 소식을 들은 40대와 50대 민주당 지지자들이 주로 몰려 있던 커뮤니티, 즉 '딴지게시판'의 유저들과 '보배드림' 및 '클리앙' 유저들이 이재명갤러리에 가서 응원의 글을 남기며 힘을 모으기 시작한다. 이 과정에서 '정권에 대한 피로감, 불만' 등으로 온라인상에서 열세였던 이재명 지지층은 어느 정도 균형을 회복하게 된다.

물론 이는 소수의 2030 남성과 다수의 4050 지지층(커뮤니티 성격상 남성들 위주) 사이에서 이뤄진 '큰 규모의 선거 연합'이었다. 여전히 여성들은 각자 자신들의 일상 커뮤니티에서 지내면서 정치적인 이야기에는 무관심한 듯 보였다. 그리고 사실 30대 후반 이상의 여성들이나 남성들 사이에서는 '세대'나 '교육 수준', '지역' 등이 중요한 변수였지, 성별 자체는 정치적 성향에 영향을 미치는 변수가 아니었다.

이른바 '이대녀', 즉 20대에서 30대 초반에 이르는 여성들('개인화세대'에 속한 여성들)의 목소리는 선거 과정에 제대로 반영되지도 않고 있었고, 이들도 적극적으로 정치적 목소리를 내고 있지는 않았다. 이들 세대에서도 원래 투표율은 여성이 남성보다 약간 높게 나오지만, '공감대 형성'이 중요한 여성 커뮤니티에서 이러한 얘기가 커지기는 어려웠다는 얘기다. 그러다가 몇몇 사건을 계기로, 또한 선거가 다가올수록 이들 여성 커뮤니티도 '결집'을 하게 된다. 이들은 '이대남 다수'의 열렬한 지지를 받는 '이준석 당대표'를 상당히 싫어하고 있었고, 당연하게도 '여성가족부 폐지' 같은 한 줄 공약에 동조하기보다는 황당해했다.

그렇게 다들 별거 아니라고 생각하던 '젠더 갈등'은 정치적으로 분명 영향력을 발휘하고 있었다. '더쿠'라는 아이돌 좋아하는 이들이 모인 여초 사이트에서부터 이재명 후보 지지가 대세가 됐고, 다른 여초 사이트들도 이재명 지지로 판세가 기울기 시작한다. 여초 사이트 전부는 아니었지만 분명 다수였다. 그리고 이대남들이 모인 남초 사이트 다수와 대립이 시작된다.

여전히 20대~30대 초·중반의 다수 남성(개인화세대 중 남성)들도 '이준석 대표와 그 당의 후보'를 지지하면서 디시인사이드 여러 갤러리와 펨코(FM코리아라는 게임 유저들이 모여서 커진 곳으로 강력한 이준석 지지 커뮤니티) 등 대형 커뮤니티에서 자신들만의 확증 편향을 키워나가고 있었다.

4050세대와 연합한 20대~30대 초·중반 여성들은 온라인에서 소수의 이대남들이 만든 이재명갤러리 유저 등과 함께 역시나 유리한 뉴스를 공유하고 전파하고 있었다. 그리고 대선 막바지에는 '이대남'이라는 강력한 프레임에 대항하는 '2번남'(기호 2번인 윤석열 후보를 지지하는 남자들이라는 뜻이지만, 상당한 비하의 의미가 있었다.)이라는 프레임을 만들어낸다.

다음의 <그림 12> '짤'[70]을 보면 2번남 프레임이 어떻게 도식화됐는지 보일 것이다. 이 역시 어쩔 수 없이 적대와 혐오에 기반한 것이라는 것을 알 수 있다. 물론 동의할 수도 있고 동의하지 않을 수도 있고 이는 개인의 성향과 관점의 차이일 뿐이지만, 이러한 내용들이 공론장에서 논의되는 것 자체는 그다지 바람직한 건 아닐 것이다.

한편 <그림 13>은 그 반대 성향의 커뮤니티에서 대항하는 차원에서 만든 짤이다. 역시나 상당히 강력한 적대감과 혐오 정서에 기반하고 있다.

디지털 게리맨더링이 이뤄진 상황에서 정치가 어떻게 적대감과 혐오를 동원하고, 정서적으로 양극화된 각 진영 지지자와 정당 지지자들이 이를 어떻게 표출할 수 있는지 잘 보여주는 예라 할 수 있다.

---

70 짤방은 '짤림 방지용 사진'에서 유래된 인터넷 용어로 현재는 의미가 확장되어 인터넷 밈 중 이미지 형식인 것, 또는 더 나아가 모든 이미지 파일을 지칭하기도 한다. 디시인사이드 초기 '디지털카메라'라는 정체성이 강했던 커뮤니티 특성상 사진을 올리지 않으면 게시글이 삭제되던 규칙에서 비롯됐다.

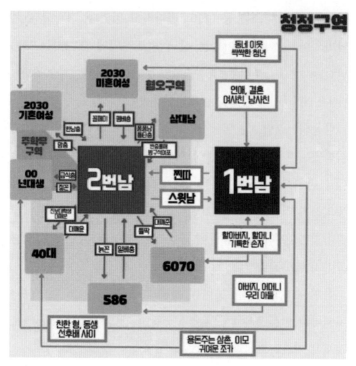

\<그림 12\> '2번남' 비하 도식 짤
(출처: 더쿠, 이재명갤러리 등 20대 대선 당시 친이재명 커뮤니티)

이제 대선 당일로 가보자.

'0.74%p. 역대 최소 표차'

2022년 3월에 실시된 20대 대통령 선거에서 나타난 현 대
통령인 윤석열 당시 후보와 경쟁자였던 이재명 당시 후보(현
민주당 대표) 사이의 표차다. 역대 대선 중 가장 적은 득표수 차

<그림 13> '1번남', '1번녀' 비하 도식 짤
(출처: 펨코, 새로운보수갤러리 등 20대 대선 당시 친윤석열/이준석 커뮤니티)

이였다.

　다수 언론들은 표본의 적절성과 문항, 표집 과정에서의 중요한 변수를 전혀 생각하지도 않고 제대로 통계를 들여다보지도 않은 채 공해에 가까운 여론조사 결과를 쏟아내고 보도했다. 그리고 한동안 엄청난 표 차이로 윤석열 대통령이 쉽게 당선될 것이라 예측한 경우가 많았다.

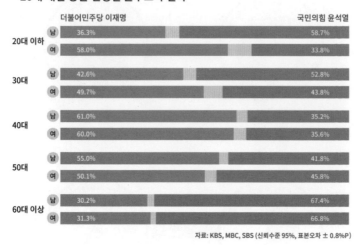

20대 대선 성별·연령별 출구조사 결과

		더불어민주당 이재명	국민의힘 윤석열
20대 이하	남	36.3%	58.7%
	여	58.0%	33.8%
30대	남	42.6%	52.8%
	여	49.7%	43.8%
40대	남	61.0%	35.2%
	여	60.0%	35.6%
50대	남	55.0%	41.8%
	여	50.1%	45.8%
60대 이상	남	30.2%	67.4%
	여	31.3%	66.8%

자료: KBS, MBC, SBS (신뢰수준 95%, 표본오차 ± 0.8%P)

<그림 14> 20대 대선 성별·연령별 출구조사 결과

'잘못된 세대 규정'이라고 이미 정리한 그 'MZ세대'가 '86
세대 기득권을 심판한다'라는 그럴싸한 말에 껴 맞추면서
말이다. 하지만 실제 결과는 그렇지 않았다. 정치 행태를 연
구하는 필자와 같은 사람들과 여론조사 전문가들은 이미
'끝까지 모르는 선거'라는 생각을 하고 있었다. 공표 가능한
마지막 여론조사까지도 20대에서 30대 초반의 여성들은 제
대로 표집이 되고 있지 않았기 때문이다. 그 세대 여성은
표심을 거의 마지막까지 정하지 않았다는 것이 제대로 트
레이닝 받은 여론조사 전문가들의 공통된 의견이었다. 그리

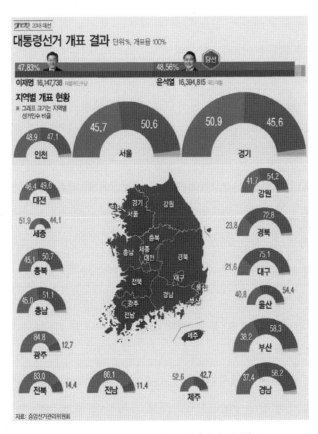

<그림 15> 20대 대선 지역별 투표 결과(출처: 대전일보)

고 그들('개인화세대'에 속한 여성들)은 아마도 당시 여당 후보인 이재명 후보에게 표를 주게 될 가능성이 높다는 게 필자를 포함한 정치 행태 연구자들의 다수 의견이었다.

사실, 앞서 설명한 커뮤니티의 흐름과 여론 변화, 합종연

횡, 각종 프레임과 밈을 열심히 관찰만 했어도 막판까지 결과를 예측하기 어려운 선거라지만 어느 정도 감이 왔을 수 있다. 그러나 커뮤니티 글을 자신의 '답정너' 기사에 대한 근거로만 활용하는 한국 언론과 기자들이 제대로 감을 잡았을 리 없었다.(몇몇 기자들은 감을 잡았더라도 이미 편향된 데스크, 이해를 하지 못하는 데스크를 설득할 자신이 없어 그냥 포기했는지도 모르겠다.)

20대 대선은 아주 큰 틀에서만 보면, 원래 존재하던 지역주의 투표 성향에 기본적인 세대 구도가 존재했으나 20대와 30대 초반 즉, '개인화세대'는 성별로 갈라져 각기 다른 후보에게 주로 투표했던 선거다. 데이터를 통해 확인해 보겠다.

<그림 14>는 이미 3장에서도 등장한 바 있는(3장에서는 <그림 4>) '연령대별/성별' 투표 선택 결과이고, <그림 15>는 지역별 투표 선택 결과다.

이렇게 큰 틀에서만 봐도 20대 대선에는 전통적인 지역주의에 세대 갈등 변수 그리고 새로 등장한 성별 변수까지 얽히고설킨 게 보이지만, 온라인 커뮤니티에서의 흐름과 지지자들 간 합종연횡의 세부까지 더욱 자세히 들여다보면 이러한 기본 틀 위에 발생하는 다양한 균열과 접합의 지점들이 훨씬 많이 드러난다. 예를 들면, 정권교체론부터 후보자질론, 부동산과 세금 이슈, 공정 이슈, 젠더 갈등 같은 것들이다.

지금부터 20대 대선에서 부각된 다종다양한 균열의 변수와

우리가 싸우는 이유

앞으로 디지털 게리맨더링을 더욱 심화시킬 수 있는 또 다른 요인들을 자세히 알아보자.

어렵지만 중요했던 이야기들

이제 다소 복잡하고 다양한 영역을 오가던 이야기를 정리해보고 현재 한국 정치와 한국 사회에 새롭게 등장하고 있는, 이제 막 나타나기 시작한 현상에 대한 논의로 넘어가보자.

세대 간, 세대 내 차이에 대한 이야기 특히, 세대 간 차이와 세대 내 차이를 더 크게 만드는 갈등 증폭기는 **비동시성의 동시성**이다. 이를 통해 우리는 지금까지 이러한 비동시적인 시대의 동시적 존재, 즉 '동시대 효과'를 감안해 새롭게 '세대'를 바라보게 되었고 또한 고선택 미디어 환경에서의 자발적·비자발적인 '선택적 노출', 그리고 '필터버블'을 경험하는 사람들이 잘못된 정보와 뉴스 속에서 오류의 수정조차 못한다는 것을 알게 되었다.

선택적 노출과 필터버블에 노출된 사람들은 점차 더 **감정적으로 극단화**된다. 유사한 생각을 하는 이들은 이들 밖에 있는 사람들, 즉 나와 다른 생각을 갖고 모여 있는 사람들에 대한 혐오와 적대감을 키우게 된다. 여기에 더하여 뉴미디어나 온라인 커뮤니티에는 자극적이고 부정적인 내용이 많이 공유되는데, 이런 정보일수록 '확산 효과'가 크다. 비슷한 정치 성향, 사회적 가치관을 가진 사람들이 모여 있는 온라인 커뮤니티는 정보 제공자(작성자)와 정보 수용자 간 유대가 강해, 이러한 확산 효과가 더 커지게 된다.

한편 페미니즘을 둘러싼 온도 차이 때문에 한국에서는 **페미니즘에 대한 태도나 입장**이 '적극적 차별 시정 정책', '보편적 복지 확충', '무한 경쟁에 대한 태도' 등 다양한 사회경제적 가치관을 결정하거나, 아니면 매우 연관성이 큰 변수가 될 수 있다는 점을 지적한 바 있다.

제20대 대선을 살펴본 바로는 세대 내 '성별'을 둘러싼 갈등이 처음으로 투표 행태에 영향을 미친 변수로 작용한 사실을 확인했다. 그리고 이는 향후 새로운 균열 지점이 드러날 가능성을 시사한 것으로, 그건 소득 수준이 될 수도, 아니면 자산 규모가 될 수도 있다.

또는 '정치적 올바름'[71]이나 '소수자 우대 정책' 등의 가치관을 중심으로 한 균열이 중요한 변수로 작용할 수도 있다. 즉, 북한 문제나 복지에 대한 태도 정도로 나뉘던 진보 vs. 보수의 갈등이 이제는 좀 더 세분화될 수 있다는 얘기다.

다시 한번 이 내용들을 염두에 두고 대선 이야기를 계속 살펴보자.

한국 사회에 새로운 미세 균열선이 등장하는가?

20대 대선에서는 '페미니즘을 둘러싼 갈등'과 '성별 간 투표 행태 차이'만 새로운 변수로 추가됐지만, 그렇게 생긴 성별 갈등 균열선을 따라 앞으로 한국의 유권자들은 사회경제적 가치관, 그것도 아주 세부적인 가치관별로 쪼개지게 될 가능성이 크다.

---

71 차별적인 언어 사용·행동을 피하는 원칙

예를 들어 소수자 우대나 동물권과 비거니즘(Veganism) 등에 민감한 이들과 그들의 네트워크가 하나의 구획이 될 수 있다. 30대 후반 이후 세대에서는 사는 아파트나 사는 지역(결국 소득과 자산의 문제다.)에 따른 커뮤니티도 하나의 구획이 될 수 있을 것이다.

기존의 진보 vs. 보수 성향 커뮤니티와 소셜미디어에서의 네트워크, 카카오 단톡방과 네이버 밴드에서 유유상종하는 활동이 온통 뒤섞이며 생각지 못했던 다양한 갈등 요소들이 등장할 수도 있다. 이러한 갈등 요소는 다시 비동시성의 동시성이라는 갈등 증폭기를 통해 더 커질 것이다. 또 필터버블과 에코챔버라는 원심분리기를 통해 사람들 사이의 심리적 거리는 더 멀어질 공산이 크다.

한 사람이 꼭 하나의 정체성이 있는 건 아니기에 평소에는 여기저기를 드나들며 살겠지만, 정치 사회적으로 민감한 이슈가 발생하거나 대선이나 총선 같은 전국 단위의 큰 선거가 열리면 상황이 달라진다. 자신의 가치관과 유사한 사람들이 모인 커뮤니티와

소셜미디어 네트워크 안으로 급격히
헤쳐 모여 거대한 디지털 게리맨더링을
자발적/비자발적으로 겪게 될 전망이다.

그렇다면 정말 새로운 미세 균열선의 등장, 필자가 정치 시장의 '마이크로 세그먼테이션(초세분화)'이라 부르는 현상의 조짐을 데이터를 통해서도 볼 수 있을까?

볼 수 있다. 간접적이긴 하지만 확인해 볼 방법이 없는 건 아니다.

흔히 언론에서는 지난 20대 대선을 '진흙탕 대선'이라고 싸잡아 설명할 뿐이지만, 실제로 대선에서 어떤 이슈가 가장 큰 영향을 끼쳤는지, 각 세대나 성별, 계층별로 얼마나 영향을 끼쳤는지 파악하기란 쉽지 않다.

이를 제대로 알아보려면, 선거학회 등 학자 그룹이 제대로 된 표본을 뽑아 진행하는 100문항이 넘는 '과학적이고 구조화된 설문조사'의 결과를 들고 이런저런 통계 분석을 해봐야만 한다. 이미 해당 프로젝트에 참여한 학자 몇몇은 그 데이터를 분석해 논문을 내기 시작했다.

그중 한 논문의 내용이 흥미로웠다.

데이터가 보여주는 미세 균열의 조짐

20대 대선에 대해 분석한 논문인 "선거 이슈와 유권자 선택"[72]에서는 '정권교체론', '통합 정치', '윤석열-안철수 후보 단일화', '부동산·세금 등 경제 문제', '여성가족부 폐지', '대장동 의혹', '후보(또는 가족)의 비리' 등의 주요 대선 이슈가 각 유권자의 성별, 세대, 학력, 소득, 이념 등에 따라 어떤 영향을 끼쳤는지 다뤘다.

각 이슈에 대한 분석 결과를 하나씩 살펴보자.

먼저 '정권 교체'라는 이슈 자체는 40대에 가장 영향이 없었던 반면, 20대에는 영향이 가장 컸던 것으로 나왔다. 아마도 20대 남성들의 적극적 의사 표시가 반영된 결과일 것이다. 이들은 특히 '여가부 폐지'도 중요한 이슈라고 판단했다.

고령자들에게 중요한 이슈였던 후보 단일화는 20대 여성들도 매우 중요하게 느꼈던 것으로 나온다. 즉, 20대~30대 초·중반 여성들이 윤-안 후보의 단일화에 자극받아 이재명 후보 쪽으로 결집했을 가능성도 있다는 얘기다.

대장동 의혹은 고령의 여성들에게 큰 영향을 끼쳤다. 부동

---

72 송경재의 "선거 이슈와 유권자 선택: 제20대 대통령선거를 중심으로"<한국과 세계> 4권 3호(2022)

산·세금 등의 문제는 30대와 60대 이상에서 중요한 요인이었는데, 30대의 소득세와 주거비용 문제, 60대의 재산세·종부세 등의 문제가 영향을 끼친 것으로 보인다. 이를 통해 자산 변수가 분명 영향이 있었을 것이라고 추정할 수 있다.

후보자(또는 가족의) 비리는 연령대가 높아질수록 중요한 이슈라고 생각했다. 또 통합 정치라는 이슈는 50대 이상의 고연령대에서만 중요한 이슈였던 것으로 분석됐다.

이 논문, 이 연구결과의 의미는 무엇일까?

20대 대선은 크게 기존의 지역주의 및 세대 갈등에 성별 갈등이 새로 더해진 선거로 보일 뿐이지만, 이슈별로 쪼개보면 자산 규모, 세대별 성별과 교육 수준에 따라 묘하게 다 갈라져 있는 것을 알 수 있다는 게 핵심이다.

실제로 2023년 3월 7일, 국무조정실에서 발표한 '2022년 청년 삶 실태조사'에서는 19세에서 34세 청년층이 느끼는 한국 사회의 가장 큰 갈등은 다름 아닌 '소득에 따른 갈등(79.1%)'이었고 '세대 갈등(76.5%)', '성별 갈등(72.3%)'으로 뒤를 이었다. 세대 문제나 젠더 갈등만 중시할 것 같았던 청년세대조차 '소득 격차에 따른 갈등'을 심각하게 받아들이고 있다는 뜻이다. 그리고 앞으로는 점점 이렇게 세분화된 니즈와 이슈별 유권자 반응이 더욱 부각될 것으로 예측된다.

정리하자면 크게는 지역 구도에 세대 투표가 더해지고 여기에 젠더 차이가 변수로 작동한 게 20대 대선이었지만, 앞으로도 각자 자신이 가진 자산의 규모와 교육 수준, 성별, 연령대에 따라 **좀 더 세분화된 구획으로 집단이 나뉘어질 가능성**이 보인다는 것이다.

그런데 어차피 거대 양당 체제에서 선택지는 거의 두 후보 중 하나일 수밖에 없다.

'뽑을 사람 없다'는 한탄은 커지고, 그렇기에 더더욱 상대 진영이나 상대 후보에 대한 혐오감을 일으켜 자신의 표를 가져오는 큰 전략, 그리고 그 아래에서 '마이크로 세그먼테이션'을 펼치는 일은 늘어날 것이다.

20대 대선에 나타난 '한 줄 공약', '소확행 공약'처럼 이제 선거는 유권자들의 세세한 니즈를 반영하는 형태로 진행될 가능성이 높다.

여기서 문제는 이미 디지털 게리맨더링이 강하게 존재하고, 이게 단순히 세대와 출신, 지역뿐만 아니라 성별, 기본적인 이념, 가치관에 따라 매우 배타적으로 '유유상종'해 있다는 사실이다. '상대(진영/정당/후보)에 대한 혐오'를 일으키는 대전

략은 강력한 지지를 얻어내기 쉽지만 그만큼 사회에 치유하기 어려운 상처를 남길 수밖에 없다.

이미 디지털 게리맨더링 활용의 효과를 아는 정치인들과 사회 영향력자들은 본인이 직접, 또는 뉴미디어 선동가들과 연합해 이러한 활동을 반복할 가능성이 매우 크다. 일단 그 무엇보다 손쉽게 자신의 목적(당선과 권력의 획득)을 이룰 수 있는 수단이고, 기성 언론은 이를 견제할 의식과 능력 모두 갖고 있지 못한 탓이다.

그러면 우리는 이대로 극한의 갈등만 계속하게 되는 걸까? 이를 해결할 방법은 없을까?

필자도 사실 딱히 해결책을 갖고 있지 않다. 그래도 '통합의 정치가 중요하다'는 수준으로 '졸릴 때에는 자야 한다'는 처방 이상의 다른 이야기는 할 수 있을 지도 모른다. 최소한 노력은 할 수 있을 것이다.

마지막 장에서는 그 내용을 담아보겠다. 우리 안의 다양한 혐오에 대한 이야기와 함께.

통합과 봉합이 아닌
<u>공존</u>이 핵심이다!

이념 갈등, 세대 갈등, 지역 갈등,
정치권 내 정당/진영 간 갈등, 젠더 갈등

언론에서는 언제나 이 갈등을 다룬다.

물론 근엄하고 진지한 사회학자의 코멘트를 달아 짐짓 걱정하는 척 하지만, 정말 걱정하고 있는지는 잘 모르겠다. 애초에 갈등 해결을 기대하는 것 같지도 않다.

수많은 갈등은 완화되거나 해결될 기미가 전혀 보이지 않고, 여러 유유상종의 커뮤니티에서 또는 소셜미디어에서 확대 재생산되거나 심지어 '혐오'로 변하고 있을 뿐이다.

앞서 남초-여초 커뮤니티에서 각자 게시글을 퍼와 조롱하고 혐오를 확산하는 과정을 언급한 바 있다. 사실 이러한 현상은 젠더 갈등에만 국한된 것도 아니다.

몇몇 극우 남초 사이트에서 드러나는 특정 지역 혐오와 성소수자에 대한 혐오는 유구한 전통을 자랑하고 있기도 하다. 몇몇 극단적 페미니즘의 여초 사이트에서 등장했던 '남혐'[73]에 가까운 언술도 있다. 혹자는 '미러링[74]일 뿐'이라고 옹호하지만, 세상에 허용해도 되는 혐오는 없다.

---

73 남성혐오의 준말
74 당한 만큼 돌려준다는 의미의 신조어로, 이른바 '눈에는 눈 이에는 이'라는 보복성 대응을 말한다.

혐오와 유머 사이에서

이러한 혐오는 '유머'라는 미명하게 더욱 강화된다.

특정 지역 비하를 위해 사투리를 흉내 내는 모습, 성소수자의 성행위 특성을 묘사하며 부르는 혐오 표현과 멸칭, 유구한 전통의 '김치녀', '된장녀' 혐오 표현, '한남유충'(어린 남자아이를 부르는 혐오 표현)이라는 어이없는 단어, '맘충'[75]이라는 비하. 이러한 것들이 우리의 일상에 스며들어 웃음의 소재로 쓰일 때, 혐오는 더 쉽게 확산되고 강화될 수밖에 없다.

누군가 문제 제기를 하는 순간 '씹선비', '진지충'이라고 조롱하고, 그런 조롱을 받은 사람들은 더 이상 목소리를 내지 않고, 그렇게 커뮤니티와 소셜미디어는 쉽게 혐오 기반으로 흘러가게 된다. '유머'라고 포장하는 순간, 그러한 혐오 발언을 구사하는 사람은 죄책감에서 벗어나게 되고, 특정 집단(주로 소수자다.)에 대한 혐오는 그렇게 쉽게 다른 집단에 대한 혐오로 넘어갈 수 있게 된다. '밈(meme)'이라는 미명 하에.

앞서 자극적인 콘텐츠일수록 커뮤니티에서는 더욱 각광 받는다고 설명을 한 바 있는데, 갈등과 혐오의 확산 역시 그렇게 될 수밖에 없다. 더군다나 이제는 그나마 마지막 보루, 함

---

75 Mom(엄마)라는 단어에 벌레 충(蟲)자를 붙여 만드는 비하 표현

부로 폄하하지 않았던 '가난'조차 조롱과 비하의 대상이 되기 시작했고, 뭐만 하면 장난처럼 붙이는 '~충'은 이제 '가난충'으로까지 확대됐다.

월수입이 200만 원이 안 되는 사람들을 비하하는 '이백충', 거주 형태에 따라 '전거지(전세에 사는 거지)', '월거지(월세에 사는 거지)', '빌거지(빌라에 사는 거지)' 등등으로 확산돼 나가고 있다.[76]특히 주거 형태를 두고 형성된 혐오 프레임은 '임대아파트 거주자'를 차별했던 기성세대들의 부동산값 욕망에도 큰 책임이 있다.

'가난한 부모는 아이에게 본의 아니게 죄를 짓는 것'이라든가 '사람이 가난하게 사는 데에는 다 이유가 있다'는 식의 게시물도 인스타그램 등에서는 심심치 않게 눈에 띄고 있다. 다행히 아직 엄청나게 많은 것 같지는 않지만.

반대로 돈이 많은 사람, (사회적으로, 경제적으로) 성공한 사람에 대해서는 그 성공이 얼마나 유리한 조건에서 시작된 것인지, 어떤 혜택 속에서 나온 것인지를 굳이 따지기보다는 맹목적으로 추앙하는 경향이 강해지고 있다.

물론, 사회적 성공이나 경제적 성공을 질시하거나 깎아내리는 것도 결코 바람직하지는 않지만, 그저 재벌 오너 일가

---

76 이와 관련해서는 https://brunch.co.kr/@usetherightword/7 브런치를 참고했음.

의 한 사람일 뿐인데 마치 그 사람이 어떤 말을 하면 굉장한 의미가 있는 것처럼 해석하는 것도 딱히 건강한 모습은 아니다.(생각해 보면 자칭 정론지에서도 이런 기사가 쏟아지고 있다.)

가난에 대한 조롱과 혐오, 사회적·경제적 성공에 대한 맹목적 추앙은 지난해까지 수년 간 지속된 '자산 가격 폭등'의 시대에 언론이 조장한 '벼락거지' 담론과 함께 더욱 강화됐다.

악순환의 고리를 끊을 방법은?

갈등이 혐오로 변하고 더 급속하게 강화되고 전파되는 과정은, 앞선 장들에서 수차례 강조한 것처럼, 비슷한 교육 수준과 비슷한 경제 여건을 가진 사람들끼리만 교류하는 소셜미디어, 유사한 생각과 가치관을 가진 사람들끼리 모인 커뮤니티 활동이 만들어내는 '필터버블', '에코챔버'와 연관이 깊다. 그리고 여전히 해결의 기미는 별로 보이지 않고 있다. 아니 해결은 갈수록 더 어려워질 것으로 보인다.

가장 먼저 나타난 한국 사회의 새로운 갈등축, 젠더 갈등은 사실 그냥 남성-여성을 성별이 다른 한 인간이기보다 '밈 속의 남성과 여성'으로 인지하면서 더욱 심화됐다. 그리고 여러 방면으로 커진 혐오가 그저 유머로 소비되는 과정은 사실 '오프라인에서의 만남 부재'와 연결돼 있다.

사람들이 자신의 주변에 이런저런 사정으로 인해 가난해질 수밖에 없는 지인이나 친구가 있었다면, 그들과 대화하고 소통할 기회가 많았다면 어땠을까? 누군가의 이름 석 자가 떠오르고, 그의 얼굴이 기억났다면 우리는 '유머'와 '밈'이라는 미명하에 특정 집단에 속한 누군가를 함부로 조롱하기 쉽지 않았을 것이다. 특정 지역 출신, 성소수자는 물론 정치 성향이 다른 사람도 마찬가지일 터다.

익명화된 세계에서 온라인의 교류가 더 큰 비중을 차지할 수록 실제 존재하는 개별적인 사람 한 명 한 명의 중요성은 간과되기 마련이다. 아니 어쩌면 그 개별적 존재, 실존 자체 가 인지되지 못한다고 볼 수 있다. 특히 '개인화세대'는 그 세 대명이 말해 주는 특성답게, 관계 자체를 본인이 형성하고 유 지하는 경향이 강하다. 주어진 소속과 관계 즉, 지연·혈연·학 연으로 연결된 모임을 완강하게 거부하고(물론 그러한 유형의 모 임들이 좋다는 뜻은 아니다. 그걸 거부하는 게 나쁜 일도 아니다.) 자신의 취향과 니즈를 중심으로 **관계를 선택**한다.

독서 모임, 취미 활동 하나를 하더라도 굳이 실명을 밝히고 '끈끈한' 관계를 만들기보다는 만나서 목적을 이루고 나면 바로 헤어진다. 등산을 하더라도 서로 상대방의 사생활 따위에는 관심도 없이 오직 산을 오르기 위한 '크루'를 꾸리지 산악회에 가입하지 않는다. 물론 이건 나쁜 게 아니다. 오히려 바람직한 면이 더 크다.

다만 이런 형태의 만남과 관계맺음만이 존재할 경우, 우리가 겪고 있는 분절화된 세계에서는 다른 환경에서 자라 다른 생각을 하는 사람과의 진솔한 커뮤니케이션 등이 아예 사라져버린다는 문제도 있다. 그렇다고 이 개인화 세대에게 예전과 같은 불편하고 끈끈한 모임들을 많이 하라고 강요할 수도 없다. 가만히 생각해 보면, 온라인에서 일상화된 필터버블과 에코챔버는 오프라인에서도 딱히 다르지 않다는 뜻이다.

언론은 습관적으로 '국민 통합'을 말한다. 정치인들도 입에 달고 사는 말이다. '국론이 분열돼 큰일'이라고 한탄한다. 그런데 자유민주주의 국가에서 국론이 통일돼 있는 것도 사실은 이상한 일이다.

전시 상황이 아니라면, 국론은 통일되고 국민은 통합돼야 하는 게 아니라 다른 의견이 충돌하고 갈등이 일어나지만 어느 정도 조정이 되고 타협이 돼야 하는 것이다. 따라서 국회는 우선 **충분히 싸운 뒤에, 적절한 타협점**을 찾는 게 주 기능이다. 물론 그 기능이 잘 되고 있다고 말하긴 어려운 게 한국의 현실이지만 말이다. 어쩌면 그 기능은 점점 더 잘 작동하지 않을 가능성이 높다.

한국 국회에서 의원들의 이념적 양극화가 먼저 나타났지만, 이후 필터버블과 에코챔버 효과로 유권자들이 정서적으로 양극화됐고, 의원들은 다시 이렇게 정서적으로 양극화된 유권자들로부터 영향을 받아 더 감정적으로 대립하게 된다는 것이다.[77] 뉴미디어 시대, 고선택 미디어 환경에서 각국의 민주주의가 드러내고 있는 공통적 약점이 한국에서도 그대로 재현되고 있는 셈이다.

앞서 수차례에 걸쳐 설명했듯 취향, 가치관, 젠더, 정치 성향별로 각기 쪼개져 사는 사람들은 양당제 하에서 선거 때마다 서로 친화성 있는 가치관과 취향으로 묶여 '게리맨더링' 될 것이다. 또 그렇게 선거가 끝나면 서로에게 던진 혐오와 폭력의 언어가 상처로 남아 더욱 큰 갈등과 혐오로 발전할 것이다.

이러한 악순환의 고리는 과연 끊을 방법이 없는 것일까?

77　필자가 이 책에서 자주 인용한 필자의 박사 논문 4장에는 19대, 20대, 21대 국회에서 어떻게 의원들 간의 공격적 화법과 비타협적 태도가 점점 강해지는지에 대해서 분석한 내용이 있으며, 그 일부이자 예비적 검토 과정인 국회윤리특위 징계안 분석 내용은 앞선 장에서 이미 다룬 바 있다.

익명화된 세계에서 온라인의
교류가 더 큰 비중을 차지할수록
실제 존재하는 개별적인 사람
한 명 한 명의 중요성은
간과되기 마련이다.

아니 어쩌면 그 개별적 존재,
실존 자체가 인지되지 못한다고
볼 수 있다.

우리가 싸우는 이유

특히 '개인화세대'는
그 세대명이 말해 주는 특성답게,
관계 자체를 본인이 형성하고
유지하는 경향이 강하다.

주어진 소속과 관계 즉,
지연·혈연·학연으로 연결된
모임을 완강하게 거부하고
자신의 취향과 니즈를 중심으로

관계를 '선택'한다.

연결된 세상의 역설: 고립, 고독, 외로움

<고립의 시대> 저자 노리나 허츠 박사의 인터뷰가 최근 국내 한 주간지에 실렸다.[78] 이 인터뷰에서 그는 2018년 미국에서 진행된 실험에 대한 얘기를 들려준다. 두 달간 약 3000명을 대상으로 전개된 이 실험에서, 페이스북 계정을 비활성화한 집단은 인터넷 자체를 덜 사용하고 대신 친구, 가족 등과 직접 만나 더 많은 시간을 보냈다고 한다.

허츠 박사는 '고립감'과 '외로움'이 타자에 대한 적대성과 혐오의 자양분이 된다고 설명한 바 있는데, 이 페이스북 계정 비활성화 집단에서는 바로 '외로움'이 약화됐다는 거다. 지독한 역설이다. '연결된 세상'의 상징, 항상 소통하는 사람들이 모인, 소셜미디어 플랫폼 페이스북을 끊어야 외로움이 약화된다는 역설. 이어 허츠 박사는 사람과 사람이 만나 잠깐이라도 대화하는 것이 **호혜성**(互惠性, reciprocity)을 높일 수 있다는 설명도 덧붙인다.

실제로 여러 학자들의 연구 결과, 인터넷을 중심으로 퍼져나간 혐오와 갈등은 '오프라인에서의 만남'을 통해 상당 부분 해소할 수 있다는 것이 밝혀진 바 있다. 아이폰 혁명 이후 15

---

78   <한겨레21>, 1434호, 2022년 10월 24일 발행

년 만에, 소셜미디어 시대의 본격 도래 10여 년 만에 우리는 **오프라인에서의 교류**가 갖는 중요성에 대해 깨달은 셈이다.

영국에서는 2018년부터 **외로움부 장관**을 임명하고 있는데, 그 탄생 배경부터 이 책에서 다룬 사람들 간의 정치적 양극화 특히 정서적 양극화 문제, 그리고 강화되는 갈등과 혐오와 깊은 연관이 있다. 영국 노동당 조 콕스(Jo Cox) 의원은 평소 소외계층을 위한 법률안 마련에 힘쓰면서 '외로움 협회'까지 만들며 '고독'이라는 사회문제를 해결하기 위해 애쓰고 있었다. 그런데 브렉시트가 한창 이슈가 되던 2016년 필터버블에 갇혀 극단화 돼버린 '극우주의자 청년'에 의해 테러를 당했고, 안타깝게 숨졌다. 영국 의회는 그의 헌신적 의정활동과 외로움 해결에 대한 노력을 기리며 '외로움부 장관'을 신설하고 세계 최초로 임명해 고인이 사전에 구상했던 정책을 실행하고 있다. 옆 나라 일본도, 2021년 코로나 팬데믹 속에서 사회적 고립이 심화되고 고독을 견디지 못해 자살하는 사람이 늘어나자 **고독 문제를 담당하는 장관직**을 신설하기도 했다.

한국에서도 '외로움'은 더 이상 방치할 수 없는 문제가 되고 있는 듯하다. **외로움은 혐오의 원료**라는 걸 생각해 보면, 이미 미디어 필터버블과 에코챔버로 인해 점점 감정적으로 멀어지고 있는 사람들이 현실에서의 고독을 온라인에서의 과격성과 분노표출, 혐오감정 강화로 해결할 가능성이 높아지고 있는 것은 확실하다.

2022년 4월 마크로밀엠브레인의 조사 결과에 따르면, 한국 성인의 87.7%가 '사회 전반적으로 외로움을 느끼는 사람이 많다'고 답했다.[79] 특히 전 연령대의 한국인들이 각자 자신이 속한 연령대가 특히 외롭다고 인식하고 있었으며, 20대·30대·1인 가구에 해당하는 사람들은 10명 중 6명은 스스로를 외롭다고 말했다. 특히, 20대의 38.2%, 30대의 32.2%(40대 25%, 50대 23.6%)가 '상대적 박탈감'[80] 때문에 외로움을 느낀다고 답했는데, 이들이 특히 소셜미디어와 온라인 커뮤니티에 상주하고 있는 세대라는 점을 떠올려보면, **온라인에서의 항상적 연결이 오히려 외로움을 키울 수도 있다**는 사실을 다시 한 번 일깨워준다. '초연결 시대의 단절감과 외로움'이라는 역설은 새로운 사회문제의 불씨가 될 수도 있다. 기존 연구결과들에 따르면, 외로움과 공허함이 극단화될 경우 분노 조절 장애와 공황 장애 등 정신적 문제로 이어지거나, 타인에 대한

---

79 마크로밀엠브레인 조사 결과에 대한 해설은 <중앙일보> 2022년 7월 2일자 기사 "日선 '고독 장관' 등장…외로움 덮친 한국, 그 마저도 혼자 푼다"를 참고했음.

80 인스타그램에서 '돋보기' 모양의 검색창을 터치하면 다양한 '짤'로 만들어진 카드뉴스 형식의 여러 포스팅이 등장을 하는데, 그중에 상당수를 차지하는 것이 '문과 출신 서른 살 현실 월급', '한국 직업 서열', '강남 최고가 아파트 거실 뷰 수준'과 같이 소득과 자산의 격차를 적나라하게 보여주며 상대적 박탈감을 조장하는 피드다. 물론 이는 필자가 사회현상에 다가가기 위해 해당 피드를 몇 번 터치해 본 이후에 알고리즘에 의해 더 많이 보이게 됐음을 감안해야 한다.

신체적·언어적 언어적 폭력으로 나타날 수 있기 때문이다.[81] 영상 기반의 '감성 소통'이 주된 커뮤니케이션 방식으로 자리 잡고 있는 시대적 특성을 감안하면, 외로움과 공허함의 확산은 현재 우리가 겪고 있는, 지금까지 필자가 언급해왔던 분열과 갈등과 혐오를 더욱 극단화시킬 수도 있다. 글로벌 경기 침체가 계속 이어지고, 이 과정에서 빈부격차가 더 심해지며, 상대적으로 평등했던 온라인 플랫폼에서조차 인기와 부를 얻는 이들과 그렇지 않은 이들로 나뉘며 이런 상황에 공허함과 외로움 등이 더해진다면, 가장 원초적인 '구별짓기', 즉 인종·피부색·언어와 외모·자산·소득 등을 중심으로 배타적인 그룹을 형성해 정신적 어려움을 해소하려 들 수가 있다.

물론 이 문제가 더 커지기 전에 방지할 방법이 아예 없는 것 같지는 않다. 디지털에 익숙한 20대(58.8%)와 30대(60.8%)조차도 다수가 온라인 소통보다 오프라인 만남이 그립다고 답한 것을 보면 현재 우리가 겪는 '정서적 양극화', '분열과 혐오의 세분화와 극단화'의 문제를 풀 수 있는 실마리가 '오프라인 모임과 교류'에 있지 않을까 생각하게 된다.

지금 이 책에서 논의하고 있는 것과는 다소 다른 성격의 갈

81　이와 관련한 내용은 고승연의 <Z세대는 그런 게 아니고>(2020) '에필로그'에서 가져왔음.

등과 오해에 관련한 것이지만, 그럼에도 불구하고 참고할 만한 사례 하나를 소개한다.

'심화되는 상호 몰이해'를 해결하기 위한 방안으로 정병호 한양대 문화인류학과 명예교수는 예전에 동독과 서독이 통일된 이후 만들어진 '동서포럼'을 모델로 삼아 탈북민과 남한 주민의 대화 프로그램, 이주민 및 소수 집단과 여러 사람들 간의 만남을 만들었고 이러한 것이 오해와 혐오, 갈등의 해소에 도움이 됐다고 말한다. '경계를 넘는 삶 이야기'라는 이름의 이 '문화 간 대화' 프로그램을 통해 정 교수는 문화적 배경이 다른 사람들이 서로의 차이를 인정하며 열린 자세로 소통함으로써 편견을 극복하고 평등한 관계를 만들 수 있도록 **구조화된 집단 대화**를 진행했다. 자신의 삶에 대해 얘기하고 들어주고 질의·응답을 진행하며, 비공식적으로 식사와 산책 등을 하면서 지속적인 교류를 진행하니 완전히 다른 삶을 살아온 사람들 사이에 퍼져 있던 편견과 오해가 많이 해소됐다는 것이다.[82]

---

[82] 이와 관련한 내용, 프로그램의 구체적 진행 방식 등에 대해서는 정병호, "경계를 넘는 삶 이야기: 상호이해를 위한 '문화 간 대화 프로그램'" <통일인문학> 88집(2022)을 참고할 것.

한국에서도 '외로움'은 더 이상 방치할 수 없는 문제가 되고 있는 듯하다.

'외로움'은 '혐오의 원료'라는 걸 생각해 보면,

이미 미디어 필터버블과 에코챔버로 인해 점점

감정적으로 멀어지고 있는
사람들이 현실에서의 고독을

온라인에서의 과격성과
분노표출, 혐오감정 강화로
해결할 가능성이 높아지고 있는
것은 확실하다.

우리가 싸우는 이유

공존과 투과성 장막

지금까지 허츠 박사의 인터뷰, 영국과 일본의 '외로움'에 대한 접근 방식, 정병호 교수의 '구조화된 집단 대화'에 대해 정리한 내용을 토대로 생각해 보면, 정치권을 비롯한 권력 집단에서 이러한 '오프라인에서의 우연한 또는 기획된 마주침과 집단 대화'가 가능한 여러 인프라를 깔아주는 것은 '혐오의 악순환' 해결에 상당한 도움이 될 수 있을 것이라는 결론을 내릴 수 있다.

물론 이는 매우 지난한 과정이 될 것이다. 그리고 이미 코로나 팬데믹을 통해 '비대면 사회'를 경험한 많은 이들, 특히 일상적으로 관계를 선택해 온 '개인화세대'에게는 이러한 만남 자체가 쉽지 않을 것이다. 마크로밀엠브레인의 '외로움 관련 조사'에서 젊은 세대는 물론 40대까지도 오프라인에서의 만남에 대해서는 부담스러워하는 하는 경향을 보였다. '사람들을 만난다면 무슨 말을 꺼내야 할지 모르겠다'라는 문항에 20대의 45%, 30대의 40.8%, 40대의 38.8%가 '그렇다'고 답했으며(50대는 26%), 20대의 42.4%, 30대의 45.2%, 40대의 38.8%가 '직접 대면 소통하는 것이 두려울 때가 있다'고 답변(50대는 24%)하기도 했다.

이처럼 '우연한 개인 간의 마주침'과 '의도성 있는 소집단 간 대화'를 기획하고 성공적으로 실행하는 것이 쉽지 않은 것은 사실이나, 또 전혀 불가능한 상황도 아니다. '개인화세대'가 만들어온 문화 중 하나가 '소셜 살롱'이다. 독서를 위해, 또는 함께 취미를 즐기기 위해 개인의 자세한 신상을 밝히지 않고 모여서 목적을 이루는 활동을 한 뒤 '쿨'하게 헤어지는, 수차례 만나 같이 활동을 한 뒤에도 때론 상호 간의 이름과 나이도 모르는 일도 종종 발생하는 바로 그 '느슨한 연결' 문화를 활용할 수 있다면, 정 교수가 추진해 온 '집단 대화'가 영 불가능한 것도 아니라는 얘기다.

정부나 국회는 현재 우리가 겪는 지독한 분열과 상호 혐오 강화, 정서적 양극화에 대한 문제를 인식하고 이를 공론화할 필요가 있다. 그러나 직접 어떤 정책을 펼치기는 쉽지 않을 것이다. 사실 현재의 상황 자체를 활용하고 싶은 유혹이 강할 수밖에 없는 정부나 국회의 선출직들이 정책을 추진하다 보면 분명 왜곡이 발생할 것이다.

따라서, 정부차원에서 이 문제를 해결할 수 있는 TF를 만들되 정부나 의회는 한발 뒤로 물러서고, 이 문제를 고민하는 교수, 시민사회단체, 그리고 결정적으로 이러한 '분열과 혐오의 사회'를 만드는 데 본의 아니게 그 일부 책임을 갖게 된 온라인의 인플루언서, 유튜버(아주 극단적인 정치성향, 사회상규에 어긋나는 언행을 하는 이들은 제외)들을 반드시 참여시켜 함께 고민하고 대책을 마련하는 것이 방법이다.

그렇게 온라인 상에서의 서로 다른 성향의 '유튜브 합방', 서로 다른 가치관을 가진 인플루언서들이 오프라인 모임, 합숙 모임 등을 제안해 자신의 팔로어들을 모아 집단 대화를 할 수 있도록 하는 것 등이 방법이다. 단 이때 중재자로서 전형적인 '엄근진 꼰대 교수나 언론인'이 아닌 현 사회의 갈등 양상과 알고리즘의 특성, 정서적 양극화 문제 등을 잘 이해하고 있는 '열려 있는 전문가'를 참여시켜야만 현 상황의 한국에 맞는 집단 대화가 가능해질 것이다.

물론 절대로 쉽게 진행될 수 있는 일이 아니다. 그럼에도 불구하고 장기적으로는 꼭 필요한 일이다. 그래서 '책임'을 질 수 있는 정부나 국회가 판을 깔고, 뒤에 빠져 있다가도 법적, 제도적, 절차적 문제가 생기면 그때 그 문제를 해결해 주고 다시 빠지는 방식으로 진행해야 한다.

여기까지가 필자가 제안할 수 있는 일종의 소소한 문제 해결 방안이다. 마지막으로 좀 더 단기적이고 현실적인 얘기를 해보자.

이 지점에서 분명 우리는 '통합'은 가능하지 않고 '국론 통일'은 심지어 바람직한 일도 아니라는 전제가 필요하다. 그리고 통합이 아니라 '공존'을 제안해야 한다. 공동체에 해악을 끼치는 극단적 가치관을 가진(예를 들면 나치와 같은) 집단이 아니라면, 어쩔 수 없이 우리는 같은 나라에서 분리된 채 살 수밖에 없다는 뜻이다. 지금은 온라인에서의 분열이 극심하지만 이러한 '분리'는 조만간 '물리적 지역'으로 확대될 가능성이 있다.

서로의 존재를 인정하고 '선을 넘지 않는' 대화를 할 수 있는 분위기가 조성이 돼야 할 것이다. 어설프게 정치권이나 꾸짖으며 '국민 통합이 중요하다'고만 외치는 언론이 발상을 바꿔 공존의 방법에 대해 이야기를 해야 한다.(물론 한국 언론이 그런 수준 높고 깊이 있는 담론을 만들어 내기는 쉽지 않아 보인다.)

그리고 서로 분리된 세계에 살더라도, 어쩔 수 없이 투명한 장막을 치더라도(우리는 현재 서로 어떤 말과 글을 쏟아내고 있는지 볼 수는 있다.), 이러한 장막이 **투과성 장막**이 되도록 해야 한다. 최소한의 소통은 가능하고 오해는 풀 수 있는, 그러한 이야기가 상호 투과될 수 있는 그런 장막을 말한다.

역시나 플랫폼 기업, 커뮤니티 관리자, 인플루언서들의 노력이 필요할 것이다. 언론들이 늘 말하는 '정치권이 잘해야 한다' 수준 이상의 얘기를 하기는 여전히 어렵다.

그러나 필자는 억지스럽게 '통합'만을 외치거나 이상주의적으로 '서로 간에 쌓인 벽을 허물자'고 말하지는 않는다. 불가능하기 때문이다. 그보다 공존을 말하고 장막을 인정하되 **투과성을 확보하자**고 말하는 것만으로도 새로운 논의, 문제 해결 (아마 완전한 해결은 어렵겠지만)의 출발점은 될 것이라 믿는다.

참고 문헌

<국내 문헌>

고승연. 2020. <Z세대는 그런 게 아니고> 서울: 북저널리즘

_____. 2021. "40대, '86세대'의 후예인가, '밀레니얼세대' 선조인가?" 서울: LG경영연구원

_____. 2022. "한국 정당 지지층 유권자들과 정치엘리트의 정서적 양극화: 뉴미디어 필터버블 효과를 중심으로." 고려대학교 대학원 정치외교학과 박사학위 논문

국승민·김다은·김은지·정한울. 2022. <20대 여자> 서울: 시사인북

김용섭. 2019. <요즘 애들, 요즘 어른들> 파주: 21세기북스

김효정. 2022. <MZ세대 사용설명서> 서울: 넥서스BIZ

노환희·송정민·강원택. 2013. "한국 선거에서의 세대 효과." <한국정당학회보> 12:1, 113-140

메디치미디어. 2019. <X세대에서 낀낀세대로…40대, 그들은 누구인가?>('피렌체의 식탁' 1주년 기념 심포지엄 자료집)

박원익·조윤호. 2019. <공정하지 않다> 서울: 지와인

송경재. 2022. "선거 이슈와 유권자 선택: 제20대 대통령선거를 중심으로." <한국과 세계> 4:3, 5-28

이은형. 2019. <밀레니얼과 함께 일하는 법> 서울: 앳워크

이현우·이지호·서복경·남봉우·성홍식. 2016. <표심의 역습> 서울: 책담

정병호. 2022. "경계를 넘는 삶이야기: 상호이해를 위한 '문화간 대화' 프로그램." <통일인문학> 89, 349-396

천관율·정한울. 2019. <20대 남자: '남성 마이너리티' 자의식의 탄생> 서울: 시사인북

최인수·윤덕한·채선애·송으뜸. 2019. <2020 트렌드 모니터> 서울: 시크릿하우스

_____·이진아. 2022. <2023 트렌드 모니터> 서울: 시크릿하우스

허석재. 2019. "지역균열은 어떻게 균열되는가." <현대정치연구> 12:2, 5-37

<국외 문헌(번역서 포함)>

Bishop, Bill. 2009. The Big Sort: Why the Clustering of Like-Minded America Is Tearing Us Apart. New York: Mariner Books

Bucher, Taina. 2018. If...Then: Algorithmic Power and Politics. New York: Oxford Univ. Press

Charim, Isolde. 2018. Ich und die Anderen. 이승희 역(2019). <나와 타자들> 서울: 민음사

Fromm, Jeff., Read, Angie. 2018. Marketing to Gen Z: The Rules for Reaching This Vast-And Very Different-Generation of Influencers. 임가영 역(2018). <최강소비권력 Z세대가 온다> 서울: 홍익출판사

Hertz, Noreena. 2021. The Lonely Century. 홍정인 역(2021). <고립의 시대> 파주: 웅진지식하우스

Pariser, Eli. 2011. The Filter Bubble. 이현숙·이정태 역(2011). <생각 조종자들: 당신의 의사결정을 설계하는 위험한 집단> 서울: 알키

<기타자료/기사>

대전일보 2022년 3월 10일자 보도, "20대 대선, 지역별·연령별·성별이 승패 갈랐다"

동아일보 2022년 4월 11일자 보도, "사회갈등지수 4년새 거의 2배…대한민국은 '갈등공화국'"

연합뉴스 2022년 3월 9일자 보도, "2022년 대선 성별·연령별 출구조사 결과"

중앙일보 2022년 7월 2일자 보도, "日선 '고독 장관' 등장…외로움 덮친 한국, 그 마저도 혼자푼다"

한겨레21 2022년 10월 24일 발행, ""외로움은 사회적 위험"… 극단주의는 그 틈을 파고 든다"

(개인브런치) https://brunch.co.kr/@usetherightword/7

우리가 싸우는 이유
MZ세대는 없다

초판 1쇄 인쇄 2023년 5월 12일
초판 1쇄 발행 2023년 5월 31일

지은이 고승연

기획 이유림
편집 권정현
마케팅 총괄 임동건
마케팅 안보라
경영지원 임정혁, 이순미

펴낸이 최익성
펴낸곳 플랜비디자인

디자인 박준기

출판등록 제2016-000001호
주소 경기도 화성시 영천동 283-1 A동 3210호

전화 031-8050-0508
팩스 02-2179-8994
이메일 planbdesigncompany@gmail.com

ISBN 979-11-6832-056-7 (03320)